成功法則シリーズ

「教師力を上げる」ための成功法則

大前 暁政 著

明治図書

プロローグ　なぜ修業が必要なのか

修業とは

本書は、教師力を向上させるために、新卒からどのような修業を自らに課してきたのかを紹介するものである。

学制以来百五十年間で、最も教育界に影響を与えた一人である、芦田恵之助の言葉に次のものがある。

> 教育の眞諦は自己を育てるにある。
> 行ずるといふことは、自己を育てる最捷徑である。
> （芦田恵之助国語教育全集刊行会編（一九八七）『芦田恵之助国語教育全集24』明治図書、p.504）

「眞諦《しんたい》」とは、「究極の真理」を意味する言葉である。

「行ずる」とは、「修行する」の意味である。

「最捷徑《しょうけい》」とは、「最も早道」という意味である。

「自ら成長する教師だけが、教壇に立てる」そのことを、端的に示した言葉である。

教師は、他人を教育する立場にある。その教師にとって、最も大切な姿勢は、「自らを教育する姿勢」であることを伝えている言葉である。

つまり、自分を鍛え、磨き続ける姿勢をもたなくてはならないのだ。

芦田恵之助は、「修行」という言葉を使用した。

本書では、「教師の仕事を身に付ける努力の継続が、自己を鍛え磨くことになる」という意味を込め、「修業」の方を使用する。

「修業」と「修行」の意味は異なる。

修業は「学問や芸術を習い身に付けること」を意味する。

修行は、「学問や芸術に励み、磨くこと」を意味する。

授業の方法や、学級経営の方法を修めるのは、「修業」である。

「修業」というと、「楽しいことを禁じ、苦行を続ける」イメージが浮かぶかもしれない。

しかし、本書で言う修業は、決して苦行ではない。それどころか、楽しみながらできることである。

少なくとも、私や、私の周りの教師は、本書で紹介した修業を楽しく実行している。

修業によって、子どもの笑顔が増える。成長の事実が生まれる。

すると、教師の仕事に充実を感じるようになる。そうなると修業にますます熱が入るようになる。

このような良いサイクルができあがるのである。

「現場に出て経験を積めば教師の力が自然と向上する」という迷信

全国の研究会に参加していつも思うことがある。

「教師が子どもを見ていない」

教師は、子どもを見ないで、どこを見ているのか。

手元の指導案を見ているのである。当然、目線は下がる。

目線が子どもに向いていないと、子どもは不安になる。集中力も下がる。

教育実習で教えられたことに、次のことがある。

「指導案を見ながら授業をしないようにしよう」

これは、授業の「基本中の基本」であるはずだ。

基本のキ、イロハのイのことが、全国規模の研究会でできていないのは、なぜか。

新卒時代なら、公開授業の不安や緊張から、指導案を見ながら授業することはあるかもしれない。

問題なのは、ベテラン教師でさえ、指導案を見ながら授業をしていることだ。これは、全国で共通して見られる現象である。

なぜ、授業の基本中の基本が、ベテラン教師でさえ身に付いていないのか。

これは、次のことを示している。

> 教師の力は、経験年数に比例しない。

教師の力を上げる努力をしなければ、何十年の経験を積んだとしても、授業の「最低ラインの力」さえ身に付かないのである。

逆に言えば、修業を行いさえすれば、若い教師でも実力のある教師になれることを意味している。

教師の仕事は、ルーティンワークにおちいる危険がある。

ある学校に、小学校二年生しか受けもちたくないと公言し、何年も連続で二年生を担任していたベテラン教師がいた。

職員室でお茶を飲み、チャイムが鳴ってから、ゆっくりと遅れて教室に入っていた。

その教師の研究授業に参加した。

研究授業が終わり、参観者が教室から出て行った瞬間、怒声が廊下まで聞こえてきた。授業中、少し遊んでしまったり、集中力が途切れてしまったりした子を、叱り飛ばしているのである。

反対に、若い教師でもすばらしい授業を展開している人は多い。

若くして実力を備えた教師に、どのような努力をしているのか尋ねると、似た答えが返ってくる。

「自分の授業を録音し、後で聞いて反省しています」

「毎年の授業や学級経営の記録を残すようにしています」

必ず、何らかの修業を課している。

優れた実践を残した先人達も、同様である。実力ある人は、必ず、相応の努力をしているものだ。

このことは他分野でも同じである。例えば、プロ野球選手で偉大な記録を残した選手ほど、素振りを毎日欠かさず行っている。畳が擦り切れるほどの素振りを行っていた人もいたし、遠征中、周りが寝静まった夜中に、突然起きて素振りをする人もいた。

プロなら、何らかの修業を課すのが普通なのである。素晴らしい成績を出す裏には、膨大な量の努力が隠れているものだ。

実力のないままベテランになり、子どもや保護者からそっぽを向かれるのも、一つの教師人生。

実力のある教師になり、子どもや保護者、地域、同僚から感謝されるのも、一つの教師人生である。

どちらを選ぶかは、教師になってすぐ、「修業を課すか否か」で決まる。

本来なら、大学時代に、プロとしての力を身に付けておくべきだ。しかし、現場で通用する実践力を身に付けさせてくれる大学ばかりではない。多くの教師は、現場に出て学ぶしかない状況である。

修業の筋道とは

どんな職業でも、その職業に特有な専門的な知識と技能がある。

医者には医者の、建築家には建築家の、農家には農家の、専門的な知識や技能がある。

プロスポーツ選手、武道家、芸術家、茶道家、ビジネスパーソンも同じである。

そして、どの職業でも、専門的な知識と技能を身に付け、プロとして仕事を進めているものである。

では、どうやってプロとしての力量を養っていけば良いのだろうか。

ヒントになるのは芸道の世界の修業過程である。

芸道の世界では、修業の過程を「守・破・離」という言葉で表した。

「守」とは、先人の知恵を学び、基本を習得することを意味する。

「破」とは、先人の知恵を工夫・改善するため、自分なりの方法を試してみることを意味する。

「離」とは、先人の知恵にとらわれず、自分なりの方法を創造・開発することを意味する。

まずは、謙虚に先人の知恵を学ばなくてはならない。やがて、先人の知恵を否定し、改革し、新しい教育方法を生み出さなくてはならない。

つまり、次のような意識で修業をしていくことが大切になる。

① 先人の行ってきた教育の方法を謙虚に学ぶ。
② より効果的な教育にするため、子どもの実態に合わせ、先人の教育を「工夫・改善」する。
③ 時には、自分なりの方法を「創造・開発」しながら新しい教育を行う。

学ぶことは、「まねぶ」ことである。真似をすることから修業は始まる。

「守」の段階では、先人の優れた業績を真似して、力を伸ばしていくのが、修業の基本方向である。

ただし、いつまでも真似ばかりで良いはずがない。真似だけでは、通用しない場面があるからだ。

子どもの実態によっては、真似だけでは上手くいかない場面も出てくる。

時代の変化によって、先人のやり方では、資質・能力を十分に養いきれない場面も出てくる。

そんなとき、大切になるのは、教師の「主体性」である。

先人の知恵に、「工夫・改善」を加えなくてはならない。これが「破」にあたる。自分なりの方法を考えながら、試行錯誤するのである。

やがては、先人のやり方から離れ、新しいやり方を「創造・開発」できるようにならなくてはならない。これが「離」にあたる。先人の知恵にとらわれず、自分なりの方法を生み出すのである。時には、先人の知恵を否定し、改革することも必要である。また、まったく新しい教育方法を創り出すことも必要である。

このように、「守」だけでなく、「破」と「離」の段階も重要なのである。

プロとしての力量を養う姿勢

さて、問題は、「いつ破に進むのか」、「いつ離にまで到達するのか」ということである。

ある研究会では、「五十代になってもまだ守です」と言うのが通例となっていた。民間の教育研究会は、一つの理論や型を広めることを基本的な方針としている。研究会自体がその理論や型を「破り」、「離れる」方向へ向かうのはかなりの困難が伴う。

だから、いつまで経っても、「守」のままということが起こり得る。

先人の知恵を賞賛し続け、工夫・改善に踏み込まない実践家としての態度は、先人に対しても礼を失するものである。

先人の知恵に工夫・改善を加え、時には自分のやり方で教育を進めていくだけの力量を早い時期につけるべきだと、私は考えていた。

先人の知恵から学び、かつ、主体性があれば、二十代でも十分自分のやり方で教育を進めていける。

ただし、教師が身に付けないといけない力は多岐にわたる。

まずは、授業、学級づくり（集団づくり）、子ども対応の三つである。

他にもある。例えば、研究と実践の方法や、校務分掌の進め方、学校マネジメントの方法、教育課程の編成の工夫などである。

また、家庭や地域との連携の方法や、学校行事でイベントを成功させる方法もある。

身に付けるべき力は多岐にわたるが、一つの力を身に付けると、他の場面でも使えることがある。

そのため、最初こそ、一つの力を高めるのに苦労するかもしれないが、徐々に、加速度的に力が増してくる側面がある。

教師力の向上が実感できたとき、修業をして良かったと心から思えるはずだ。

修業は楽しい。教師の力が高まることで、子どもの成長や笑顔に触れる機会が多くなる。保護者や地域からの感謝も増える。同僚と協働する喜びも感じられるようになる。全ては、若い頃に修業を行うか否かにかかっている。

※本書は、既刊書『若い教師の成功術』（学陽書房）、『20代でプロの教師になれる』（学事出版）、『大前流教師道』（学事出版）、『教壇に立つのが楽しみになる修業術』（ひまわり社）を加筆・修正し再編集してつくられた「要諦集」である。
※なお本研究の一部は、JSPS科研費 JP20K03261の助成を受けて行った。

Chapter 1 授業力を養うための成功法則

1 授業に関する修業の道程

2 どの子にとっても学びやすい授業を考える

3 授業における具体的な修業法

CONTENTS

Chapter 3 子ども対応力を養うための成功法則

CONTENTS

Chapter 4

学校全体の教育を進めるための力を養う成功法則

CONTENTS

Chapter 5 教師の姿勢を磨くための成功法則

主な引用・参考文献（※p．9に記載の書籍や、本文中に記載の引用文献を除く）

Chapter1―5―4

・鈴木勘三著（一九九〇）『図説　あなたの子どもは30分で泳げる』黎明書房

・根本正雄企画／監修・鈴木智光制作（二〇〇〇）『楽しい体育ビデオシリーズ7「水泳」の教え方』明治図書

・太田輝昭著（二〇〇四）『「平泳ぎ」「クロール」で25m泳げる10のステップ』明治図書

・学校体育研究同志会編（一九八八）『たのしい体育3　水泳』ベースボール・マガジン社

Chapter3―3―3

・ラッセル・A・バークレー著、山田寛監修、海輪由香子訳（二〇〇〇）『ADHDのすべて』ヴォイス

・平山諭（二〇〇一）『ADHD児を救う愛の環境コントロール―大切なのは心を追いつめないこと―』ブレーン出版

・森孝一（二〇〇一）『LD・ADHD特別支援マニュアル―通常クラスでの配慮と指導―』明治図書

・横山浩之（二〇〇四）『ADHD／LD指導の基礎基本―知って欲しい・出来て欲しい50の原則』明治図書

Chapter4―1―4

・大前暁政（二〇二四）「『引き継ぎ』を見直す　～効果のある引き継ぎを行うために～」、『月刊生徒指導』54巻3号、pp.12-15、学事出版

Chapter 1

授業力を養うための成功法則

1 授業に関する修業の道程

1 修業の出発点

新卒で赴任した学校は、大規模校であり、しかも地域の拠点校になっていた。学校同士で交流することも多く、様々な授業を参観させてもらっていた。

そんな中、力のある教師達に出会うことができた。多くはベテラン教師であった。

「このような教師になりたい」、「子どもの可能性を引き出し伸ばすことのできる教師になろう」と憧れを抱いた。その憧れが、修業の出発点となった。

つまり、修業の開始は、「ゴールを描くこと」から始まったのである。

さて、私が新卒のとき考えていたのは、「力のあるベテラン教師の域まで達するには、どの程度の時間がかかるだろうか」ということだった。

目の前の子どもは、教師の力量によって、成長が左右されてしまう。できるだけ早く、できれば、二十代のうちには、力のあるベテランの域まで達しないといけないと考えていた。

「では、どうやったら理想の教師像に近付けるのか」、「自分は今どうあるべきなのか」、それを日々考えていた。

私はまず、「授業・学級づくり（集団づくり）・子ども対応」の三つの力を高めようと考えた。そして、「現在、この程度は、当たり前にできていないといけない」というイメージを固めていった。

2 力量の差を最も感じたもの

三つの力の中で、特に実力差を感じたのは、「授業」であった。授業の腕は、教師によって歴然とした違いがあることを感じていた。

私が一年目早々に、授業への未熟に気付かされたのは幸いだった。

私は心底、授業がうまくなりたいと願った。授業で子どもを熱中させられる教師になりたかった。

ところが、授業を一から自分でつくることは容易ではなかった。

明日になれば、小学校の場合、一日六時間、あらゆる教科を教えなくてはならないからである。

ベテラン教師の学級では、子ども達が真剣になって議論し、自ら進んで問題を解決していた。

そんな熱中した授業をつくるのは、新卒の私にとっては高いゴールであった。

そこで、まずは次のように「努力の方向」を定めることにした。

> 一日に一回は、子どもが熱中する授業を行う。

最低、一日に一回は、という意味である。そのために、一日に一つの授業だけは、必ず教材研究に時間をとり、先行実践を数多く調べ、自分なりの工夫を取り入れた授業案をつくるようにした。

まずは、自分の頭で考えながら、授業の細案をつくるようにした。つまり、発問や指示・説明にいたるまで、自分の発言をノートに書いていくのである。

発問や活動を考えているときに、わからないことが出てくる。「もっと別の展開はないのか」、「こんなつまらない発問でいいのか」、「子どもが自分から学ぶ活動はできないのか」、などである。わからないことが出てくるたび、先行実践や教材を調べる作業を行った。

私が考えた授業案と先行実践を比べる。これは学びになった。私が考えた発問や活動よりも、先行実践の方が優れているからである。「このような発問をすればいいのか」、「子どもが自分で学ぶためにはこのような活動を取り入れれば良いのか」と理解できた。

私には、「子どもが熱中する授業」への強烈なイメージがあった。それは、恩師や、身近にいる力のある教師が、授業を何度も見せてくれていたからである。

子どもが熱中しながら授業に参加している様子を、繰り返しライブで見させてもらった。私自身、授業とはこんなにも面白くて楽しいものなのかということを、体験させてもらった。だからこそ、子どもが熱中する授業への道は遠く、峰は高いことがよく理解できていた。

3 良い授業には共通性がある

私は、大学院までの六年間、理科研究室に所属していた。そこで、科学研究に没頭していた。

科学研究は、一定の条件のもとで再現性が確認できる、原理・原則や法則を導くことを目的とする。

自然を相手にしているのだから、型通りの原理・原則や法則が通用しないこともある。そんなときでも、自然を観察し、実験を繰り返していると、ある一定の方向性や共通点を導き出すことはできる。

私は、学校現場に出て、教育もまた同じであると感じていた。つまり、子ども達がよく学べる授業には、ある一定の原理・原則や法則が存在するのである。

新卒時代、荒れた子ども達を前に、まずは学習に集中させせないといけないと感じていた。

では、学習に集中できる授業とはどんな特徴があるだろうか。

例えば、発問や指示、説明がはっきりした授業であった。あるいは、授業の展開が明確で、山場がある授業であった。そのような授業だと、子どもは学習に集中してくれた。

では、「熱中する授業」には、どんな特徴があるだろうか。

例えば、次のようなとき、子どもは授業に熱中してくれた。

「思考場面が連続してあり、しかも、子ども同士の意見が食い違う状態になる」

子どもが頭をひねって考えるほどの「思考場面」があり、かつ、思考の結果、「意見が食い違う状態になる」とき、子ども達は授業に熱中し、学びが深くなったのである。

思考場面を用意するには、「子どもにとって当たり前の内容」、「すぐに気付くことができる内容」以外の内容を扱う必要があった。これらの内容では、子ども達は学びに向かおうとしないからである。

そこで、「わかったつもりになっている内容」や、「まったく気付いてもいない内容」に気付かせるような発問や活動を用意した。

そして思考場面の後で、考えを交流させるようにした。すると、子ども同士で意見が食い違うことがある。

「どれが答えかわからない」、「それぞれの意見に理由がある」、「しかし、決定的な根拠がなかなか得られず、どれが正解なのかわからない」

このようなとき、子どもは必死になって自分の意見を主張した。そして、考えを比べて検討し始めるのだった。時には討論になり、一時間中話し合うこともあった。

つまり、次の条件を満たすとき、子ども達が授業に熱中し、学びが深まるのである。

・子どもが素通りしてしまって気付いていない、考えてもいない内容に気付かせること。
・多様な考えや意見を発表させ、話し合いを促し、協働的に学ぶ環境をつくること。

このように、子どもがよく学べる授業には、何らかの原理・原則や法則がある。

その原理・原則や法則を明らかにするため、授業後には、子どもの反応を記録するようになった。

できるだけ一日の全授業に関して記録をとるようにした。

細案を書いた授業に関しては、特に念入りに記録した。私の発問や指示の後で、子どもがどういう反応をしたのかを記録していった。

時に、私の予想と実際の子どもの反応とのギャップが生じることもあった。授業案通りに進まず、まったく別の展開をすることもあった。それはなぜなのかを記録していった。

記録をとっていると、良い授業にするための原理・原則や法則に気付くことができた。

そして、授業の原理・原則や法則が見つかるたび、その視点をもって授業を考えたり、先行実践を考察したりするようになった。

また、授業を充実させるためには、学級集団の雰囲気も大切だと気付くことができた。例えば、「多様な考えや意見を発表」できるには、学級集団に心理的安全性が確保されていないと難しいのである。

つまり、質の高い学習環境を用意するには、学級集団の質を高める指導も必要になることがわかったのだった。

4 客観的に自分の授業を見ることができるようになる

さて、子どもが授業に熱中したかは、学習記録や、意見交流の熱中度、試験などから判断していた。

他にも、例えば次のような事実で判断していた。

① 休み時間も授業の内容を話している。
② 自主勉強で授業の内容を調べてきている。
③ 日記に授業のことが書かれている。

④　休み時間も授業の続きがしたいと言う。
⑤　「あっという間に授業が終わったね」という感想がこぼれる。

授業記録は、放課後に一人教室に残って行うことが多かった。ノートやパソコンなどに、思い出せる限りの内容を記録していくのである。

当時、学級通信も発行していた。授業の展開を載せた通信も増えていった。

最初は、授業を鮮明に思い出すのに時間がかかった。だが、毎日記録をとっているうちに、最初はあやふやだった再現が、次第に鮮明にできるようになった。

記録をとる時間がないときには、録音や録画を行い、後で分析することもあった。

録音や録画によって、自分の授業を客観的に振り返ることができた。

気付かなかった自分の癖に、気付くこともあった。私の場合、「あのね」「その」「これ」などの指示語を多用している癖が見つかった。

そして、聞き取りやすい言葉、発音、声の調子、スピード、強弱を意識して話すようになった。

自分の話し声を意識するようになると、不思議なことに、授業中の自分の声を客観的に聞くことができるようになった。

やがて、自分の授業を俯瞰で見られるようになった。授業の最中に、第三者の目で見ている私がいるようになったのである。まるでその教室に子どもの私がいて、授業を受けているような感覚である。

5 授業の質を高めるサイクルの始まり

さて、授業の質を高める要素は、当然ながら「子どもの熱中度」だけではない。他にも、「できる」授業という要素もあるし、「知的に楽しい」授業という要素もある。

このように、授業の質を高めるためには、様々な要素を満たす必要がある。つまり、授業の方法に関する膨大な「知識・技能」を学ぶ必要がある。

例えば、「できる」授業を考えてみる。この場合、「教え方（教育方法）」の知識・技能が身に付いていないと、子どもをできるようにすることは難しい。

このことを水泳指導で考えていく。

私は小学校時代、スイミングスクールに何年も通っていた。一応、当時とれる最高の級までとっていた。つまり、ある程度、水泳には自信があった。

ところが、教えるとなると話は別であった。何から教えれば良いのかわからない。そこで、水泳の指導法を調べ、その教え方を身に付ける努力を課す必要があった。

他にも、絵の指導、合唱の指導なども同様であった。私は、先人が築き上げていった業績をできる限り知りたいと思うようになった。

そこで、「教え方」に関してわからないと感じたら、とにかく情報を片っ端から集めることを、自分に課すことにした。

発達障害をもつ子など、様々な個性をもつ子を担任するようになってからは、特別支援教育や心理学などの専門的な知識を、もう一度、根本から学び直さないとだめだと感じるようになった。

教師一年目の終わり頃から、様々な研究会や教育セミナーに参加するようになった。

さらに、同年代の教師を誘い、自前の研究会をつくった。その研究会では、授業映像や模擬授業、授業記録の検討の場を設け、仲間から批評を受けられるようにした。

学校では、自主研究授業を行うようになった。指導案を用意し、管理職や空き時間の教師に見てもらうのである。校長や教頭、学年主任など、様々な教師が見に来てくれた。やがてこの自主的な研究授業には、三~四人の教師が参観してくれるようになった。授業後には必ず、反省会を行った。

私の周りに、授業研究に熱心な教師がいたことも、良い刺激になった。研究熱心な教師に、授業を参観させてほしいとお願いすることもあった。多くの教師が快諾してくれた。

特に、二年目にして、心から尊敬できる教師に出会えたのは大きかった。その教師の授業が見たい一心で、大雪の日に車で三時間以上かけ、相手校の校長に許可をもらい参観に行ったこともあった。

授業が充実するにつれ、荒れていた子ども達は、落ち着きを取り戻していった。

二年目には、学校で行っている研究会の公開授業の代表者に、私が選ばれた。

学年四クラスある比較的大きな学校だったから、教員の数は多かった。実力のある教師も多くいた。だが、校長の推薦で私が代表者に選ばれた。選ばれた理由は「授業をよく研究しているから、その熱意を買った」とのことだった。

夜八時を過ぎた教室で、同僚と模擬授業をしていた私に、校長がわざわざ伝えに来てくれたのだった。

2 どの子にとっても学びやすい授業を考える

1 発達障害への対応を考える

学級には様々な子どもがいる。

学習が得意で、前向きな子どももいるし、その反対もある。

中には、発達障害をもつ子もいる。発達障害の特性は様々であり、個別に最適な学習方法は異なる。

視覚的に示した方が理解しやすい子もいるし、聴覚に訴えた方が理解しやすい子もいる。

「面白そう」と感じないと学習に取り組まない子もいるし、「できそうだ。やれそうだ」と見通しをもてないと学習に取り組まない子もいる。

中でも心配だったのは、自信を失っている子であった。自信がないので、学習に取り組もうとしない。授業になると、机に突っ伏してしまうか、学習とは関係ないことをし始めるのである。

新卒時代が終わり、二年目になる頃、次のことを強く意識するようになった。

どの子にとっても学びやすい授業を考えよう。

二年目の学級には、学習に対して自信を失っている子が多くいたからである。学力低位の子も多かった。まずは、学習に向かう気持ちを高めることから始めないといけないと考えていた。

2 「できる・楽しい授業」は最低限保障する

子どもが、「できる」と感じられる授業。

子どもが、知的に「楽しい」と感じられる授業。

そのような授業を、どの授業でも保障すべきだと考えていた。

しかも、「子ども全員」が、「できる・楽しい」と実感できないといけないと考えていた。

二年目に、発達障害をもつ子や、学習への自信を失っている子を多く受けもつことになり、強くそう思うようになった。

また、発達障害をもつ子には、特に配慮して授業を考えるようになった。

発達障害の子にとって「できる・楽しい」と感じられる授業は、他の子にも「できる・楽しい」と感じられる授業となった。

子どもによっては、特別課題を用意する必要が生じることも多々あった。学習への苦手意識のため、昨年度までの学習が身に付いていない子もいたからである。

難易度を変えた複数の活動を用意したり、課題を選択できるようにしたりと、子どもにとって最適な学びになるよう配慮するようになった。

例えば、学力低位の子には、教科書レベルのはるか以前の内容を教えなくてはならない。そこで、別課題を用意するなどして、対応するのである。

他の子は、教科書レベルの学習に取り組ませる。教科書レベルの内容がすでにわかっている子には、応用問題にチャレンジさせたり、教科書レベルの問題を自分で創る別活動をさせたりする。

学級に四十人ほどいるので、各自がバラバラの動きになると把握しづらくなる。授業の力を高めないといけないと、反省する毎日であった。子どもの動きをつかむだけで大変難しいのである。

しかも、個別に学習をしていると、集団で学ぶ意味や効果が薄くなる。孤立した学びになってしまうからである。

個別の学習後には、学んだことを交流させたり、考えた内容を議論させたりする時間もとった。集団で学ぶ時間も、意図的につくるようにしたのである。

このような状態だったので、授業にかける準備時間は、新卒時代の何倍にも膨れ上がった。

教師が集まる研究会だけでなく、医師も参加する教育研究会に参加するようになった。医師に相談しながら、発達障害の子に無理のない授業づくりを学ぶようにしていた。

3 子どもの反応で授業の良し悪しを判定する

さて、知的に楽しい授業をすると、どの子も喜んで学習に参加した。

知的に楽しい授業とは、例えば、見えていても素通りしてしまっていた内容に気付かされたり、これまで考えてもみなかった内容を考えたりする授業である。

授業の最中、特に気を配っていた子がいた。

それは、「学習への自信を失っている子」、「学力低位の子」、「特別な配慮が必要な子」である。

知的に楽しい授業をしていると、その子達は授業に参加する。その子達が進んで参加する授業ほど、他の子にとっても、良い授業になっていることが多かった。

反対に、私の説明が少し長くなり、退屈な時間ができると、その子達は、すぐに手遊びをし始めた。

私の話が少しでも脱線すると、脱線した話の方しか覚えていないこともあった。

「次々と学習者が活動する授業」、「スモールステップでわかりやすい授業」、「次々と思考場面があり、一時間中考え続ける授業」には、その子達は進んで学習できた。他の子も、進んで学習した。つまり、ある意味で、その子達の態度は、授業の良し悪しのバロメーターとなっていたのだった。

3 授業における具体的な修業法

1 新卒時代の授業をどう行ったか

努力は決して裏切らない。授業の研究を続けていると、授業力がついてくる。二十代の後半には、子どもが授業に熱中するという状態が、普通につくれるようになっていった。

新しい学級を受けもつと、「授業ってこんなに楽しかったんだ」と、感想を言う子も出てきた。

新卒時代に、どんな修業を課してきたのか、これから紹介していく。

新卒時代に「一日に一回は、子どもが熱中する授業を行う」という目標を立ててから、必ず「発問・指示・説明」を明確にして、授業に臨むようになった。

次の日に行う授業の中で、これだけは授業に熱中させるぞ、という教科を選ぶ。

その授業に関する情報を集める。

①　教材に関する情報
②　先行実践（先行研究）

集めた情報を見ながら、自分なりに授業を考える。自分で授業を考えてから、その後に先行実践と、自分の授業案とを比べてみることもあった。

また、先行実践を、そっくりそのまま真似てみることもあった。

さらに、先行実践を、少し変化させて授業することもあった。

教材に関する情報や先行実践を集めたときには、出所がどこなのかも明記しておいた。

つまり、授業案の準備は、次の四つの方法で行ったことになる。

①　先行実践を複数参考にして、自分で授業を考える。
②　先行実践をそのまま真似（追試）する。
③　先行実践を修正して授業する。
④　先行実践にあたるものが見当たらなければ、自分で授業を考える。

2 授業への熱中具合を反省する

授業をしたその日のうちに、子どもの反応を記録するようにしていた。

授業が盛り上がることもあれば、停滞することもある。子どもが沈黙することもある。そのときは、発問が悪かったり、授業展開が悪かったりする。活動内容や、学習環境が良くないこともある。

「どうして、子どもは発問に対して答えなかったのか?」

「なぜ、授業は途中で停滞したのか?」

「子どもが熱中しなかったのはなぜか?」

このような内容を、反省として記録していった。

3 討論の状態を意図的につくる

新卒のとき、「思考場面が連続してあり、しかも、子ども同士の意見が食い違う状態になる」と、子ども達の学びが深くなることに気付いた。

この状態になると、自然と子ども達同士で討論が始まっていた。

この討論の状態こそ、学習が深まる状態であると実感していた。

問題は、どうやって「思考場面が連続してあり、しかも、子ども同士の意見が食い違う状態」をつくるのかということだった。私は、次の四つを工夫して、討論の状態に導こうと考えていた。

①　知的な発問
②　授業内容・教材
③　授業展開
④　学習環境

「知的な発問」とは、子どもが素通りしてしまう内容や、考えたこともないような内容に気付かせる発問である。この発問ができることこそが、授業を知的に楽しくすると考えていた。

また、子どもの思考を促す「知的な発問」があるからこそ、子ども達は多様な意見を出すことができた。そして、時には討論に発展することもあった。

「授業内容・教材」の工夫では、知的に面白さを感じるネタや実物、資料等を持ち込むことにした。

「授業展開」の工夫では、学習にのめり込んでいくような展開を考えるようにしていた。

例えば「最初に、自由に問題解決や体験活動をさせ、疑問を生じさせる展開にする」、「最初は理解ができていたのに、急にわからなくなるような展開にする」など、展開を工夫するのである。

「授業展開」に工夫があると、子ども達は授業に熱中した。算数でも、最初の問題と二問目の問題で、考え方を変えないと解けないように展開すると、意見が食い違い、討論の状態になるのである。

「学習環境」の工夫では、学びのシステムや形態を、学習が深まるよう工夫することで意識していた。

例えば、興味のある課題ごとにチームに分かれて調べさせた後で、意見交流をさせるなどの、学びの「システム」を工夫するのである。また、個別やペア、四人チームなど、学習する「形態」を工夫することもあった。

特に理科や社会科などでは、各自の問題意識が異なり、学習したい内容が違ってくることがよくあった。そんなときは、個人で課題を選択し、自由に解決する場を用意した後で、全体で考えを交流する場を用意するなど、「学習環境」を工夫するようにした。

他にも、討論の際は、まずはペアで意見交流をさせ、次に同じ考えの者同士で意見交流させ、最後に違う考えの人とチームを組んで討論をさせるといったように、「学習環境」の工夫を取り入れた。

4 どんな発問を行っていたか

例えば、三年生の社会科「店で働く人の仕事」で、次のようなテーマで討論を行ったことがある。

「コンビニ、スーパーマーケットが近くにあった方が、お店にとって得か、損か」

つまり、似た店が、すぐ近くに建っているのは、それぞれの店にとって得なのかを尋ねたのである。店の見学の際、コンビニとスーパーマーケットが隣接していたことに子どもが疑問をもったから、このテーマで討論をすることにしたのだ。「客の取り合いにならないのか」という疑問である。

調べてみると、大きなショッピングモールと、スーパーマーケット、コンビニの三つが隣接している地域もあった。

「店側にとって得なので、あえて隣接させているのか。それとも、競合させようと思って隣接させているのか」討論は盛り上がった。子ども達は、店にインタビューをしたり、資料を集めたりして、証拠を出しながら激論した。

発問によって、様々な意見が出されると、子どもの思考は活性化させられる。様々な意見が出されることによって、「意見の食い違い」が生じるからである。「意見の食い違い」が生じると、自然と討論に発展していく。子どもが真剣に考えざるを得ない状態になる。

思考を促す発問があり、その結果意見が分かれると、子どもは授業に熱中した。

5 どんな授業展開の工夫を行っていたか

三年生の算数である。一問目に次の問題を解かせる。

「三十五個のみかんがあります。一箱に四個ずつ入れていきます。箱は何箱できますか」

三十五を四で割ると、八余り三となる。四個入った箱は、八箱できることになる。

二問目に進む。

「二十七人の子どもがいます。長いす一きゃくに四人ずつ座っていきます。みんなが座るには、いすは何きゃくいりますか」

一問目と同じようにわり算で解いていけば良い。すぐに「できました！」と言う子がたくさんいる。

ところが、二問目は、一問目で使った考え方をほんの少し変化させなくてはならない。

二十七を四で割ると、六余り三となる。長いすは六脚では足りない。七脚必要である。

子どもによって、答えが「六脚」、「七脚」で割れる。「なぜ答えが違うのだ？」と、教室は興奮の坩堝と化す。授業の組み立てが、良かったのである。最初と少し考え方を変えなくてはならない問題を二問目にもってきたからこそ、子どもは授業に熱中したのである。

6 授業展開と教材、学習環境を工夫する

三年生理科の「電気の通り道」の実践で、「アルミ缶は電気を通すか？」という実験がある。

授業展開と教材、学習環境を工夫することで、子どもが熱中する授業ができる。

まず、アルミ缶は電気を通すかを尋ねる。子ども達は、電気を通すと答える。

しかし、実際に導線の間にアルミ缶をはさむと、電気は流れない。塗料が塗ってあるからである。

そこで、やすりを使って、塗料をはがしてみる。すると、電球の明かりはつく。電気は流れたのだ。

次に、折り紙の「銀紙」と「金紙」で、電気は流れるかを調べる。やってみると、銀紙は流れて、金紙は流れない。

ところが、しばらくすると、金紙の半分は電気が流れるようになる。残りの半数の子の金紙は電流が流れない。個別に実験をさせた後で、班で結果を共有させる。

結果が異なっているため、「なぜ?」、「どういうこと?」と、教室は大騒ぎになる。班の中で自然と意見交換が始まる。

班で討論させた後、全員での討論に移る。学習環境の工夫で、討論は盛り上がる。

なお、金紙は、銀紙に塗料を塗ったものである。塗料がじゃまをして、電流が流れなかったのである。金紙によって少し電流が流れることもあったのは、実験を繰り返しているうちに、塗料がはがれたためである。つまり、アルミ缶に電流が流れなかった原理とまったく同じなのだ。

この授業では、アルミ缶が伏線になっている。金属でも電流が流れないものは、塗料が塗ってあるからだということが、様々な事例を通してわかるのだ。

4 授業をより良くするために気を付けていたこと

1 追試で気を付けていたこと

若い頃、優れた先行実践を参考にして、追試することも行っていた。つまり、先行実践をそのままやってみるのである。授業の力量を高めるために、追試は効果的であった。

参考にした実践は、ある一つの研究会だけに絞ることはなかった。自分で判断し、良いと思ったものを参考にしていった。教育思想は自由な方がいいと思っていたからである。

先行実践をそのまま追試するだけでも、学びは多くあった。自然と、「発問の工夫」、「主体性を引き出す環境づくり」、「教え方のコツ」といった授業方法を学ぶことができたからである。

学べたのは、授業方法だけではない。良い授業の共通点も学ぶことができた。この共通点は言わば、良い授業の「原理・原則」や「法則」に通じるものであった。

ただし追試する上で、意識的に気を付けていたことがある。それは、単に真似するだけでなく、子どもの実態に合わせて「工夫・改善」することだった。

先行実践がいくら優れているとはいえ、子どもの実態に合わない箇所もある。より効果的な授業にするため、自分の頭で考え、「工夫・改善」を加えるようにしていた。

また、先行実践をそのまま真似する場合でも、一歩突っ込んで、「なぜ、この発問なのか」、「どうしてこの展開・活動をしたのか」などと考えるよう心掛けてきた。

時には、「発問を別の言葉にした方が良いのではないか」「こういう展開・活動もあるのではないか」など、先行実践の効果を疑う必要もあった。

結果として、自分の頭で考えながらの追試は、単なる追試よりも、得るものが多かった。

先人が求めた志や、こういう理論で授業をしたという考え方をも、学ぶことができたからである。

そして、追試だけで満足するのではなく、常に新しいものを創っていく姿勢が大切だと考えていた。

つまり、先行実践で納得いかないところは、自分が新しい授業を「創造・開発」する必要性を感じていたのである。

もちろん、自らの実践をも疑う姿勢が大切だと考えていた。本当にこのような授業でいいのか、もっと子どもが伸びる方法があるのではないのか、と自問自答するようにしていた。

2 授業を「創造・開発」する力を付けるために

授業を「創造・開発」する力を養うために、新卒当時から取り組んできたことがある。

それは、自分の頭だけで授業を創った後で、自分の授業と先行実践とを比べてみる作業である。

まずは、自分で授業を創る。先行実践を見ることは、あえて、しない。

やったことのある人はわかるのだが、最初はひどくみじめな思いをする。どう考えても、先行実践の方が優れているからである。自分の授業の力量のなさに愕然となるのである。

教材研究が浅いままだと、授業案も良いものにならない。

だから、一から授業を創るときには、教材研究をしっかりとしてから臨む必要がある。

なお、先行実践のない内容の授業もある。先行実践がないのだから、授業案を全て自分で考えなくてはならない。教材研究にも、より時間をかける必要がある。

ある年の六年生に、中原中也の「一つのメルヘン」の読解に挑戦させたことがある。

教科書に「いろいろな詩を学ぼう」というページがあり、そこで様々な詩を紹介し、子どもに解釈をさせてみたのである。この詩を選んだのは、まったく私の好みであるからと、たまたま授業した年が、中原中也生誕百周年だったからである。

この詩に関しては先行実践がなかったので、教材研究をして授業を創った。

一つのメルヘン　　中原中也

秋の夜は、はるかの彼方に、
小石ばかりの（　）河原があつて、
それに陽は、さらさらと
さらさらと射してゐるのでありました。

陽といつても、まるで硅石か何かのやうで、
非常な個体の粉末のやうで、
さればこそ、さらさらと
かすかな音を立ててもゐるのでした。

さて小石の上に、今しも一つの蝶がとまり、
淡い、それでゐてくつきりとした
影を落としてゐるのでした。

やがてその蝶がみえなくなると、いつのまにか、
今迄流れて（も）ゐなかつた川床に、水は
さらさらと、さらさらと流れてゐるのでありました……

（　）の箇所は、私が授業に使った書籍にはなかった箇所である。中原中也博物館に掲示されている原文には（　）の箇所も書かれている。

子ども達は、詩の風景を絵にした後で、「太陽は今出ているのか、出ていないのか」で意見の食い違いがあることに気付いた。そこで討論を行うことにした。録音していたので、その一部を紹介する。

「さっき、夜だから太陽は出ていないから、太陽の光はないだろうと言っていたけど、陽の意味は、太陽の光という意味だから、太陽は出ていると思う」

「意味調べのときに、硅石か何かのようで、の後の『非常な個体の粉末のようで』を調べたんだけど、非常は大変なこと、普通でないことで、個体は他のものと区別される一つ一つのもので、粉末は非常に細かな粒ということで、だから、もし太陽だとしたら、太陽は粉みたいなものを出さないからおかしいと思う。だから太陽ではないと思います」

「でも、本文には非常な個体の『ようで』と書いてあって、非常な個体の粉末『で』とは書いていない。非常な個体の粉末の『ようで』と書いてあるので、そういう風に見えるという感じの言い方だから、僕は太陽が出ているのだと思います」

「○君と似ていて、非常な個体の粉末のようでだし、太陽の光のところにほこりっぽいものがあったら粉みたいに見えたことがあるから、それでも太陽の光のことだと思います」

「その意見に反論なのですが、太陽が陽を射したときに、さらさらとかすかな音を立てたところが、太陽の光を浴びたときに、そんな音が立っているのを聞いたことがないので、硅石とかそういうものの音だと思います」

「さらさらっていうのは、音ではなくて、表現。太陽が射しているという表現だと思います」

「じゃあなぜ、中原中也さんは、音を立てているというように、音と書いているのですか」

「さらさらというのは、小石ばかりの河原に陽が射していて、川が流れていて、その川がさらさらといっているんだと思います。『それに陽は、さらさらと射しているのでありました。』だから、それがさしているのは川で、川がさらさらいっているのだと思います」

「川がさらさらといっているといっていたけど、最後の四連目には、今迄流れていなかったと書いてあるので、このときに川が流れていることはまずないと思います」

「さっき○さんが、太陽がさらさらと音を立てないと言っていたけど、それはたとえ月だったとしても、硅石だったとしても、さらさらと音は出ないから、それは作者が考えた音の表現であって、空想の世界だと思います」

「出ていないって言っている人が、○君が、陽というのは月の光ではないかと言っていたけど、それなら陽と書かずに、月の光となるのではないですか」（続く）

「固体」と「個体」の意味の違いなどにも触れながら、子ども達は詩を解釈していった。言葉の意味を調べながら詩を解釈していくことは、子ども達の習慣となっていた。

また、大切な言葉や表現に子どもが気付かない場合は、教師が発問することで気付かせるようにしていた。例えば、「詩の最後の『……』の後に、句点はついていますか。なぜ、終わりの句点がないのですか」といった具合である。

さて、この詩の解釈は、子どもの討論を中心にして進めるようにした。詩を読解・解釈するやり方は教えていたので、できるだけ子どもの力で解釈させてみたのである。

この討論の中で、時に、子どもからするどい意見が出されることがあった。

例えば、「河原の場所は上流か中流か下流か」で討論になった。討論の結果、河原の場所は海に近い下流域ということで一応の決着をみた。小石ばかりがあるのは、海に近いからと考えたためである。ところが、何人かの子が、次のように反論を出したのである。

「あれ、でも。おかしい。だって、下流なら、今迄水が流れていないのはおかしいじゃん」

「なぜ、海の近くの下流域で、水が流れていないのか」という疑問は、大変重要な意味をもっている。しかし、授業中には気付かなかった。授業後にふと気付いたのである。

「川の水が流れていたり、流れていなかったりするところはどこか」を考えることは、場所を特定する重要なヒントなのである。例えば、潮の満ち引きだと考えると河原は下流域だと言える。他にも、伏流の現象があり、雨の少ない時期に干上がる川だと解釈することもできる。

恥ずかしながら、授業中は、子どもがするどい意見を出しているにもかかわらず、それを取り上げることができなかった。後で、録音を全て文字に起こしているときに初めて気付いたのである。もったいないことをしたと思う。教材研究をしても、子どもの意見を見落としてしまっている。教材研究をしていない授業では、本当に多くの子どもの意見を無駄にしていると感じた。

ともかくも、川の場所を示している表現が問題となりかけたのである。

この詩の場合、作者と語り手である話者は、同じであると考えている。話者である中也は、都会の東京に住んでいる。そして、故郷の山口県のふるさとを詠ったということが詩から読み取れるのである。こういった重要な問題を子どもが出したのにもかかわらず、取り上げることができなかった。

やはり、子どもの成長は教師の力量に左右されるのだということを実感するばかりであった。

5 水泳が苦手な子を泳がせるための授業開発

1 ある種のみじめさ

同じ学年団の教師が、私の学級の泳げない子を教えたことがあった。一か月後には、泳げるようになっていた。

六年生の子だったが、すごく喜んでいた。生まれて初めて二十五メートルを泳げたと報告してくれた。私は、自分に対しある種の惨めさを感じていた。私が指導した結果ではないからである。

この子にとってもそうであった。もし、水泳指導の堪能な教師に出会わなかったら、小学校で二十五メートルを達成することは無理だったかもしれないのである。いや、水泳の教え方を知っている教師にもっと早く出会っていれば、五年生でも、四年生でも、二十五メートルの達成はできたかもしれないのである。

ちょうどその頃、ある文章を目にした。

例えば、とび箱なら三分でできると言えるが、一見同じようでいて、水泳は三日かかるし、鉄棒は三ヶ月かかる。

（向山洋一〔一九七九〕『斎藤喜博を追って　向山教室の授業実践記』昌平社、p.202）

目を引いたのは、「水泳は三日」というフレーズだった。私もまた、水泳指導の技量を高めたいと強く思った。だが、私にとってそれは大きな壁のように思えた。

2 水泳指導の技量向上への挑戦

水泳指導の技量を高めるため、まず水泳の「教え方（教育方法）」に関して調べようと考えた。

自分自身は水泳が堪能であり、泳ぎ方は理解できている。しかし、肝心の「教え方」がわからない。

水泳指導と名のつく書籍や論文を集めてまわった。中には絶版の書籍もあり、古本で購入した。

また、他の教師に教え方を尋ね回った。ある教師は、次のようにアドバイスをくれた。

「体力の続く限り、授業で何度もくり返し泳がせると良い。いつかは泳げるようになる」

しかし、それは体力主義であると感じていた。体力主義に頼るのではなく、効果的な「教え方」があるはずだと考えていた。「教え方」を調べ、そして、その通り追試することから始めた。追試をすることで、多くの子は泳げるようになっていった。

しかし、ごくわずか、運動が極度に苦手な子や、水を怖がる子などには別の対応を必要とした。

そこで、教え方を修正し、「工夫・改善」を加えていった。

時には、先行実践から離れ、新しいやり方を「創造・開発」する必要も生じた。例えば、そもそも水に入らない子もいるのである。また、水に入っても立ち尽くし、決して顔をつけない子もいるのだ。他にも、運動障害があり、一つ一つの動きの習得に、時間がかかる子もいた。その場合、一つに見える動きを細分化し、細かな運動に分け、それを一つ一つ教えていく過程を経なくてはならなかった。

例えば、「幽霊浮きをしてみましょう」と言ってもできない場合。

「まずは顔だけつけてみましょう」、「手もぶらぶらと力を抜いてつけてみましょう」、「力を抜いて、立ったまま上半身を水につけてみましょう」、「その状態で、足を少しだけ離してみましょう」などのように、一つ一つ教えなくてはならないのである。

ＡＤＨＤや、自閉スペクトラム症（ＡＳＤ）の子など、運動以外の障害をもつ子もいた。その子達の中には、自分が納得できる活動や、変化のある活動、できそうという見通しがもてる活動にしか取り組まない子もいた。そのため、練習過程をスモールステップにし、「できそうという見通し」をもたせることが必要であった。また、時には「水慣れ」などと称して、遊びながら技能が向上する活動をさせることもあった。同じ泳ぎ方ばかりではなく、様々な泳ぎ方を取り入れる必要もあった。

このように一人ひとりに対応するうち、これまでの先行実践よりも、より広範囲の子に適用できそうな水泳の教え方が生まれていった。

自分なりの方法が、ある程度まで確立するのに、五年の歳月が過ぎていた。

私は、プロの教師は、追試だけではなく、子どもの実態に合わせて、教育方法を修正できる力をもっているべきだと考えていた。

もっと言えば、修正だけでなく、新しい教育方法をも生み出す力をもっているはずだと考えていた。だから、水泳指導において、ある程度自分の方法を生み出せたことは、私にとって大きな一歩だった。

3 水泳指導の手順

以下、私の水泳指導の方法を示す。小プールから初めて大プールに入る小学校三年生への指導である。四年生から六年生の泳げない子にも効果がある。

クロールではなく、初歩の平泳ぎから指導を始める。初歩の平泳ぎの方が、無理なく二十五メートルを泳ぎきることができるからである。そして、初歩の平泳ぎを習得すれば、クロールも簡単に習得できるからである。泳げるようになるためには、次の三つの技能を習得させる必要がある。

① 浮く技能（け伸びなど）
② 呼吸法（水中で鼻から息を吐き、水面で口から息を吐き出すことで吸気する）
③ 連続の息つぎ（息つぎした後に、浮くまで待ってからもう一度息つぎをする）

特に重要なポイントが③である。浮くまでには、息つぎをしてから、四秒ほどかかる。「浮くまで待ってから息つぎする」ことを、「体感」させなければならない。

私の指導の特長は、この「息つぎをした後に、沈んだ体が浮くのを待ってから、次の息つぎをする」という運動を取り出し、「沈んだ体が浮く」ことへの「体感」に重点を置いた点にある。

息つぎの後に、頭を深く沈め、四秒ほど待てば浮いてくる。その後で、二回目の息つぎをさせるのである。つまり、「息つぎの後でいったん沈んだ体が、待っていると浮いてくる」という感覚を、十分に味わわせることに重点を置いたのである。最初はヘルパーを三つつけた状態で、連続の息つぎに挑戦させる。それができるようになったら、次はヘルパーを一つ減らして二個で挑戦させる。

こうしてヘルパーが一つずつ減り、最後はヘルパーなしで「体が浮いてからの息つぎ」を体感させる。このように、連続の息つぎが繰り返し練習できる「スパイラル型の練習システム」をつくった。

体が浮くまで待っての連続の息つぎさえできれば、初歩の平泳ぎで簡単に二十五メートルを達成させられる。

六月のプール開きの段階で、先の三つの技能のうち、どれができるのか、子どもの実態を調べる。

初歩の平泳ぎで二十五メートルを目指す際、先に示した三つの技能が習得できていたら、簡単に二十五メートルを達成させられる。多くの子が、十回以下の挑戦回数で二十五メートルを泳ぐことができる。もし浮く技能も呼吸法も習得しているのなら、③の運動だけ体感させれば良い。

三年生になるまでに、浮く技能と呼吸法だけでも習得させておくと、指導がずいぶん楽になる。

初歩の平泳ぎで二十五メートルを達成した子の進歩は、加速度的に訪れる。

早い子でクロールでの二十五メートルを一日で達成する。遅い子でも、三日というところである。

もちろん初めて大プールを使って泳ぐことになる小学校三年生の話である。

以下、次項で紹介する指導システムは、『体育科教育』２００８年４月号〈大前暁政〔二〇〇八〕〉

「若手教師による若手教師のための授業実践力養成法」、『体育科教育』、第56巻第4号、pp.36-39、大修館書店）に掲載されたものである。また、大前暁政（二〇一二）『どの子も必ず体育が好きになる指導の秘訣』（学事出版）にも、クロールなどの練習メニューを全て紹介した。

4 泳げない子を泳げるようにするための指導のシステム

練習方法は次の通りである。

【ステップ1】平泳ぎの基礎となる練習

① 水中歩行
② 水にもぐる（もぐる時間を変える、隣の人と握手をしながらなど、変化をつけて）
③ 伏し浮き（体中の力を抜いて浮く）
④ ダルマ浮き（丸くなって浮く）
⑤ け伸び
⑥ ボビング（水中でブクブクと鼻から息を出し、水面に出て「ブァ」と息を吐く）

①け伸び
け伸びに慣れるまでは
足をだらんとしていても良い
②息つぎ
③浮くまで待つ
頭をしっかり下げる

図　体が浮いてからの息つぎを体感させる

⑦ 連続ダルマ浮き（息つぎありで5回、10回と増やしていく）＊ヘルパーあり
⑧ け伸び↓立つ↓イルカ跳び↓け伸び
⑨ け伸び↓呼吸（手が自然と下にいく）↓け伸び　＊ヘルパーあり
⑩ 水中を歩きながら手のかきと呼吸の練習

【ステップ2】　＊ヘルパーあり
け伸び↓平泳ぎの手と呼吸（キックはしないが、自然と足が動くようになる）↓け伸び

【ステップ3】　＊ヘルパーあり
ゆっくりと平泳ぎ（キックを意識的に行う。ドルフィンでも良い）

【ステップ4】　＊ヘルパーあり
平泳ぎ（かえる足）

大切なのは、ステップ1で、け伸びの姿勢で浮く感覚をつかませることである。呼吸が苦手ならば、呼吸法もここでしっかりと指導しておく。呼吸の指導だけを別に行うこともある。立ったまま呼吸、手をかいて呼吸というように、変化をつけて呼吸の練習をしていく。

ステップ1の⑨で、け伸びから呼吸をする練習の際には、ヘルパーをつける。息つぎの後に体が沈むためである。ヘルパーの数は、体が浮く程度なら何個でもいい。息つぎの後は、体が浮いてくるまで、け伸びの姿勢で待つように言う。体が浮くまで待ってから息つぎをすることを、体得させる。連

続で十回以上の息つぎができるようになったら、ステップ2に進む。

ステップ2から4までは、最初はヘルパーを三つつけて練習を行う。

ステップ2では、最初は足をついても良いことにする。その方が安心して練習できるからである。

ステップ2で二十五メートル程度を泳げるようになってから、ステップ3に進む。

ステップ3に進んだら、「自然と曲がってくる足を、おしりにつけてごらん」と助言する。すると、軽いキックができるようになる。

ステップ3で百メートル程度を楽に泳げるようになったら、ステップ2に戻る。ステップ2に戻ったら、ヘルパーの数を一つ減らす。以後、ステップ2とステップ3を繰り返す。ヘルパーは一つずつ減っていく。やがては、ヘルパーなしで、ステップ2とステップ3を練習することになる。

ヘルパーがなくなった段階で、平泳ぎの手と呼吸だけの練習（ステップ2）をさせる場合は、頭をしっかり沈めないと、息つぎの後に体が沈んでしまう。「鼻を一番深く水の中に沈めなさい」「息つぎの後、顔をうちつけるつもりで水の中に沈めなさい」などと指示すると良い。息つぎの後、体が浮き上がるまでに、四秒ほど我慢しなくてはならない。ここで、ヘルパーがなくても、体が浮く感覚を体感させていく。

ヘルパーがなくなった段階で、ステップ3を練習させるときも同様である。息つぎの後、しっかりと体全体を水に沈めるよう助言する。そして、体が浮くのを待ってから息つぎをすることを、体得させる。やがては、ステップ3で、ヘルパーなしで百メートル程度を楽に泳げるようになる。こうなるとステップ3まで完了である。

運動が極度に苦手な子が、ステップ３までを完了するまでに要した期間は、二週間であった。

ステップ３まで終わったら、いよいよステップ４の練習である。かえる足なので、ドルフィンキックよりも体が沈んでしまう。そこで、ステップ４に進んだら、再びヘルパーを三つつけてかえる足のキックを練習する。ヘルパーの数は子どもの泳力によって調節しても良い。百メートル程度を楽に泳げるようになったらヘルパーを減らしていく。

ドルフィンキックがなかなか直らない場合、体が沈んでいることが原因である。体が沈むからドルフィンキックで浮こうとするのである。体を浮かせるポイントは次である。

① 頭を沈ませ、体が浮くまで待つ。
② キックの後、足の裏を合わせる。

開発した方法は、受けもった子どもの実態に沿って、アレンジもしてきた。

また、自分自身の方法も少しずつ変化させてきた。一つの方法が開発されても、百点満点はなく、さらにより良い教え方を創っていくことが大切だと考えていた。

5 水泳指導システムの効果

三つつけていたヘルパーが一つずつ減っていくから、子どもは上達の進行具合を意識できる。成長が実感できるとやる気も高まる。三年生の日記を紹介する。


【七月一日（火）】

今日、プールのとき、プールサイドはあつく、とけそうでした。「今日はとくべつにあつい」そう思いました。友だちと泳ぎました。何回もれんしゅうしていると、十回ぐらいヘルパー三つで足をつかずに二十五メートルをいけました。ヘルパーが一こへりました。うれしかったです。


【七月三日（木）】

今日、プールの日にはさいてきな、いいお天気でした。

さいしょから、ヘルパーは一こでした。先生が
「ヘルパーはずしてチャレンジしてごらん」

と言ったので、ヘルパーをとって三コースに行って、二十五メートルにちょうせんしてみると、なんとビックリのけっかが出ました。

二十五メートルいったのです！

いったとき、わたしは、ゆめかな？　と思ってビックリしました。

またチャレンジしたいです。


泳力に合わせて、ヘルパーの数は調節すれば良い。ヘルパーなしで、け伸びからの連続の息つぎができるならば、最初からヘルパーを必要としない子もいる。

このシステムでは、小学校三年生の運動が苦手な子でも、二週間程度もあれば、初歩の平泳ぎで二十五メートルを達成させることができた。例えば、三年生で三メートルしか泳げず、息つぎもできないといった子が、補助具なしで二十五メートルを泳ぎきることができるようになるまで、十日間の指導が必要だった。

呼吸法をマスターしており、水に浮くこともでき、しかも連続の息つぎもできるのなら、もっと上達は早い。まさに三日とかからず二十五メートルを泳げるようになる。

小学校三年生は、小プールから初めて大プールに入る。大プールは足がつかないため、怖がる子もたくさんいる。ある年に受けもった三年生は、二十五メートルを泳げない子が学年全体で四十三人いた。この教え方で水泳指導を行った結果、一学期の授業期間六月〜七月の間で、補助具なしで二十五メートルを泳げるようになった子は、四十人である。達成率九十三パーセントであった。

残った三人のうち、水着を忘れたり体調が悪かったりでプールを休みがちだった子が一人。この子は、ヘルパーつきで二十五メートルの平泳ぎを泳げるようになっていた。

二人目は水を極度に嫌う子だった。低学年のときには、プールの日に泣きわめいていた子である。だが、プールが楽しいと言うようになり、十メートル以上補助具なしで泳げるようになった。ヘルパーをつけると、二十五メートルを初歩の平泳ぎで何度も泳ぐことができた。

最後の一人は運動が苦手な子だったが、この子も、ヘルパーをつけると、二十五メートルを初歩の平泳ぎで何度も泳げるようになった。あと少しでヘルパーがとれるところで、夏休みになったのである。

多くの子は三年生にして、平泳ぎもクロールも両方、二十五メートルを泳げるようになった。その年の三年生の私の学級では、二十五メートル完泳率は百パーセントである。

現場の教師なら、過去の研究や実践を検討し、子どもに合わせて変化させ、教え方をほんの少しでも前進をさせようと努力すべきだ。それこそが、先人の教育方法を継承し、新しい教育方法の「創造・開発」へとつながる過程なのだと考えている。

Chapter 2

学級経営力を養うための成功法則

一口に「学級経営」といっても、その中身は多岐にわたる。

例えば、次の三つは学級経営の中身だが、カテゴリーはまったく異なる内容である。

①　集団づくり……より質の高い集団に育てること。
②　子ども対応……一人ひとりの思いや願いをつかみ、個別に最適な指導をしていくこと。
③　学級マネジメント……学級経営のゴールを設定し、手立てを考え、評価・改善しながら適切な経営を進めること。

このように、学級経営の内容には、様々なカテゴリーがある。

他にもカテゴリーはある。例えば、「教師のリーダーシップ」、「学級のシステムづくり」、「学級イベントづくり」、「学級の組織づくり」などである。

そこでカテゴリー別に、新卒時代から、どのようなことに力を入れて取り組んできたかを紹介する。

なお、「授業」も、学級経営の中身の一つだが、前章で修業の仕方を紹介したので、授業以外のカテゴリーで紹介していくこととする。

1 集団づくりの力を養う

1 集団づくりのゴールへのイメージ

何をもって「質の高い集団」と言えるだろうか。

新卒の頃、「集団づくり」のゴールへのイメージがわかなかった。何となく、「全員が仲良く過ごすことができたらいい」、「みんなが安心して過ごせるようにしたい」などと思っていた程度であった。

つまり、集団づくりの「最終ゴール」は何なのか。それがイメージできていなかったのである。

そこで私は、集団づくりに定評のある教師の学級を、実際に見に行くことにした。同じ学校はもちろん、違う学校にも参観を申し込んだ。例えば休日に参観日などをしているので、見せてもらうのである。公開授業の参観も行った。

教師二年目には、全国を司るようになった。様々な学級を見ていく中で、力のある教師の受けもつ学級集団には、共通点があることがわかってきた。

① 安心して過ごせる雰囲気がある。
② 規律が守られているが、自由な雰囲気があり、子どもが伸び伸びと過ごしている。
③ 集団で協働することができる。
④ 教師に頼らなくても、自分達で良い学級をつくるために、自発的に行動できる。

全国どの学級に入っても、力のある教師のもとでは、このような学級集団が形成されていた。

この4つだけでも大変にすばらしい学級集団であり、質の高い集団だと言える。

特に、④は、「自治を促す」という、レベルの高い取り組みが行われていることを意味する。自立の力や姿勢が育成されていないと、この状態にはならない。学校教育は、「自立」を目指して行われるものである。よって、④だけでも大変に素晴らしい学級経営と言える。

ただし、上には上があるもので、さらに最高とも言える学級集団を目の当たりにすることができた。

それは、次の状態である。

お互いがお互いを高め合う状態

この状態は、互いの自己評価を高めることができる状態である。

自分の自己評価が高まれば、相手の頑張りも認めることができるようになる。

やがて、互いに頑張りを認め合い、互いの自己評価を高め合う集団が生まれるのである。

また、互いの自己評価を高め合えるようになると、自分の目標もさらに高いものに設定できるようになる。自信が出てくるので、過去の自分では達成困難だと思えた「高い目標」を設定し、努力を続けることができるようになる。

こうなると、「みんな高い目標を立てているのだから、自分ももう少し高い目標に挑戦しよう」と思えるようになる。その結果、互いの目標を高め合う状態がつくられるのである。

この状態こそが、学級集団として最高の状態であり、集団づくりのゴールである。集団で学ぶ効果を、最大限に発揮できる状態である。

全国津々浦々の参観を通し、学級集団の理想の状態を意識できたことは大変な幸運であった。「理想状態（ゴール）」がイメージできるからこそ、「現在の学級集団の状態」をつかめるからである。また、「理想状態」を意識しつつ、「現在の学級集団の状態」をつかむからこそ、ゴールに至る手立てを思いつけるからである。

2 ゴールから逆算した中間のゴールを考える

新学年が始まる四月に、一年後の学級集団のゴールを考える。

そして、考えたゴールを、学級経営案に記載する。

一年後のゴールを考える際には、最高にうまく学級経営ができたと仮定する。つまり、何もかも最高にうまくいったとして、一年後にどういう学級集団に成長しているだろうかと考えるのである。

例えば、荒れた学級を受けもつことになったとする。

もちろん、最終ゴールは「お互いがお互いを高め合う状態」である。

しかし、荒れた学級なのだから、集団の質を高めるのに時間がかかる。

荒れが深刻な場合、規律を守る習慣すらないこともある。規律を守る習慣がないのが「当たり前」の生活を送っており、無法地帯の様相を呈していることもある。

習慣を変えるには、時間がかかる。習慣を変えるには、まず、子ども一人ひとりの考え方を変えないといけないからである。「規律を守ることが当たり前」という考え方に変えないと、行動は変わらない。行動が変わらないと、習慣も変わらない。

規律を守らせることだけで、一ヶ月も二ヶ月もかかることがある。

よって、最終的なゴールは「お互いがお互いを高め合う状態」なのだが、中間のゴールを定めないといけないことになる。例えば次のように、中間のゴールを考える。

> 一学期が終わる頃には、規律を守る雰囲気はもちろんのこと、活動に前向きに取り組む雰囲気をつくる。簡単な活動なら、仲間と進んで協働できるようになる。
> 二学期が終わる頃には、互いに「個性を認め合う」ことができるようになる。

荒れた学級の場合、一年経っても、「お互いがお互いを高め合う状態」は実現できないかもしれない。しかし、その最高のゴールに向かって手立てを打っていくのである。

一年後、次の担任に引き継ぐ際、「このあたりまで集団は成長しました」と報告できるようにする。もちろん、最初から規律も浸透しており、前向きな雰囲気もある学級集団なら、話は別である。その場合は、最初から質の高い集団の姿を思い描いても無理がない。

「一学期が終わるまでには、十人以上の大集団でもコラボレーションできる」、「二学期が終わるまでには、高い目標に挑戦するようになり、互いの努力を認め合うようになる」といった具合である。その場合、一年と経たず、「お互いがお互いを高め合う状態」をつくることも可能だった。

3 学級集団の状態を記録する

毎日の取り組みの一つとして、学級集団の状態を記録していた。

放課後に、教室に一人残り、子どもの姿を思い出す。そして、日誌やパソコンなどに、一日の様子を思いつくまま記録していく。

「四人程度の小集団なら、役割分担しながら学習を進められるようになってきた」

「四人程度の小集団なら、自分の意見を堂々と発表できるようになった。相手の意見に対して、肯定的な感想や意見を返すことは、できるようになってきた」

「まだ教室で『安心・安全』に過ごせない子がいる。差別的な発言が見られる。子ども社会の階層構造が強固である。これを崩さないといけない」

このように、日々感じたこと、今後取り組むべきことなどを、思いつくまま書いていく。

特に、「子どもが昨日より成長したと感じる場面」を見つけようと意識していた。

また、一日の大半は授業なので、授業の記録にもなった。一石二鳥であった。

一日の記録をとるようになったのには、きっかけがある。それは、力のあるベテラン教師に、記録をとるよう奨められたからである。その教師は教えてくれた。

「感じたことや考えたことを言語化することで、詳細な反省ができる」

本当にその通りで、記録をとることで、詳細な分析と反省を行うことができるようになった。

さらに、記録をとるうちに、わからないこともはっきりしてくる。例えば、次のように、である。

「四人程度の小集団で意見を自由に言えるようになってきた。しかし、反論を言う子はごく少数である。また、十人、二十人、学級全体など、大集団になるほど、意見を言う子が少なくなる。学級全体で討論を自由に進められるようにするには、どうしたらいいのか？」

「子ども社会の差別構造が強固に維持される場合がある。どう対応したらいいのか？」

「子どもの個性が発揮され、高い目標に挑戦できる学級環境づくりには、どんな方法があるのか？」

分からないことが出てきたら、必ず先行実践・研究などの文献を調べるようにしていた。

文献は、教育学だけでなく、認知科学や脳科学、心理学、発達心理学、歴史学、哲学などの様々な分野のものに目を通すようにしていた。

「学び続ける」ことと、「反省を言語化して記録に残す」ことの両方があると、反省はさらに深くできるようになっていった。

4 わずか一ミリの成長をとらえる目を養うために

学級日誌などに一日の記録をとることは、新卒早々から始めた。

放課後になると、一人教室に残って学級事務をする。新卒の私は、誰もいない学級で、一日の子どもの様子を振り返るのを日課としていた。特徴的な子はすぐ頭に映像として、様子が浮かんできた。

「Aさんは、今日は発言をしたぞ。めったに手を挙げないが、答えをはきはきと言っていた」

「B君は、いつもと違って、真面目に体育の準備と片付けをやっていた」

ところが、四十人を超える子ども達の中で、何人かは、思い出せない子がいるのだ。

「Cさんは、社会科で発言をした。が、何と言ったかが思い出せない」

「D君は、授業中、どんな発言をしたか。何の意見に賛成したのか……」

自分は何と大ざっぱに子どもを見ているのだと、思い知らされた。

一日の再現が正確にできるようにならなくてはならない。そう考えた私は、学級通信や指導案、日誌などを利用して、徐々に詳しく記録をとるようになっていった。

年数を経るほどに、詳しく、正確に記録できるようになった。記録の量は年々増えていき、記録にかかる時間は年々減っていった。

どれぐらいの分量を学級日誌に書いていたのか。一ヶ月で考えてみる。ある月の授業日が、十五日。授業のある日だけに学級日誌を書いているので、この十五日間で考える。

十五日間の日誌の分量は、文字数で言えば、「三万八千字」であった。原稿用紙に換算すると、十五日間で、およそ原稿用紙「百枚」の日誌を書いたことになる。

毎日、学級集団の状態を記録していると、良いことがあった。

それは、子ども一人ひとりの、ほんのわずかな成長を見てとれるようになったことである。

子どもの成長は様々である。

少し教えただけで、大きく飛躍する子もいる。

反対に、教えても、なかなか成長が見えない子もいる。教えたら、後退する子もいる。せっかく教えたのに、教えた内容と真逆のことをしてしまうのである。だが、よく観察していると、わずか一ミリの成長を発見することもある。

そのわずか一ミリの成長を見逃さないためにも、子どもの記録をとり続けていた。

2 個別の成長に注目し記録する

1 個別の子どもの様子を記録する

学級経営がうまくいっているかの判断材料として、個別の子どもに着目して記録することもあった。特に、去年まで問題行動を繰り返していた子に注目していた。

学級経営の良し悪しは、集団の状態だけでなく、個別の状態からも判断すべきと考えたからである。もちろん、集団が良い方向に変容するとともに、一人ひとりが良い方向に変容したら良いわけである。

以下、ある年に受けもった子の事例を紹介する。

2 次々と生じるトラブル

N男は、昨年度まともに授業を受けていなかった。学習に向かわず、一人違うことをして遊んで過ごしていた。嫌なことがあると、教室を脱走した。担任が注意しても、暴言を吐いて逃げ回った。

前担任は「どうしようもない」、「言うことを聞いてくれない」と途方に暮れていた。

N男が高学年になったとき、私が受けもつことになった。

四月から、トラブルが山のように起きた。中学生を傘で殴ったその日に、小学校一年生を蹴って泣かす。登校中、地域の人に暴言を吐き、学校では、別の学級担任に暴言を吐く。

とにかく、毎日トラブルが発生するのである。

私はN男への指導記録を、残すことにした。一日の中で、何が起きて、どう対応したかを書いていった。私の対応が功を奏することもあれば、N男の心をますます頑なにしてしまうこともあった。そんなときは、一人、放課後に反省の記録をとった。

「N男はなぜこんな行動をとるのか」、「どういう心境からその行動が生じたのか」

少しでもN男の「思いや願い」を理解したいと思い、記録をとり続けた。

記録する上で、私が大切にしていたのは、「その子のもつ善良な心」に注目することだった。端から見て明らかに悪い行動でも、ひょっとしたら、その子なりの理屈や、良い方向へ変わりたいという思いや願いがあるのかもしれない。私はそう考えていた。どんな子だって、心の中に、「善良な心」があるはずだと信じていた。

3 長い目で子どもの進歩をとらえる

記録で意識していたのは、「N男の良さに注目」することだった。

トラブルの記録が多いのだが、そこでも「良さ」に注目するようにしたのである。

トラブルを記録することとは、いい気持ちはしない。できれば忘れてしまいたい。

ところが、記録をとり続けていると、ほんの少しの「N男の成長」に気付くことがあった。

例えば、四月は「俺は悪くない！　少しも悪くない！」と言って、頑なに謝らなかった。

ところが、五月になると、「何パーセントかは俺が悪いかもしれない」などと言うようになった。このわずか「数パーセント」の罪の意識が、N男にとっての進歩であった。数パーセント悪いのだから、謝る必要が出てくる。N男はしぶしぶ「自分の悪かったところだけ」謝るようになった。これは大変な進歩であった。

六月になると、さらに変化が訪れた。それは、自分から「先に」謝るようになったのである。「先に謝る人は立派な人だと思う」と、N男に言い続けた結果だった。

七月になると、トラブルが起きたら、私に報告するようになった。「上級生と殴り合いになりました。何とか仲直りをしたいのですが……」などと、仲裁を私に頼むようになった。

七月になっても、トラブルは次々と起きていた。N男がN男らしく振る舞えば、必ず個人や集団との摩擦が生じるのだった。

だが、同じようなトラブルでも、確実に成長しているのが、記録してみるとよくわかった。その場で自分で解決しようと試みたり、喧嘩にならないよう我慢したりするようになったのだ。遅々とした歩みに見えても、長い目でみると、確実に前進しているのであった。

二学期になると、トラブルは激減した。三学期になると、ほとんどトラブルはなくなった。

トラブルが減ったのには、理由があった。トラブルになりそうになっても、自分で解決できるようになったからである。つまり、トラブル自体は起きているのだが、自分から謝って解決しているので、大きなトラブルに発展しなくなったのだ。

一年後に他の教師が言った。「N男は、見違えるほど立派な高学年になっている。まるで別人のように見える」長い目で見れば、誰だってその子の成長は見えるだろう。しかし、毎日のほんのわずかの成長は、意識して探そうとしないと見えないのである。

しかも、せっかく前進したと思ったのに、次の日に後退するようなこともある。前進ばかりを続けて、結果として成長したのではない。前進しては後退することを繰り返し、その連続の上に成長があったのである。

3 学級経営上の子ども対応で気を付けていたこと

1 一人ひとりの子どもにスポットライトを当てる

学級経営上の「子ども対応」で意識的に取り組んでいたのは、「一人ひとりの子どもが活躍する場をつくる」ことだった。

学級に四十人の子どもがいれば、その一人ひとりの個性は違う。得意なことも違うし、好きなことも違う。各自が、それぞれの得意分野で活躍できるようにしたいと思っていた。

ある年、自閉スペクトラム症（ＡＳＤ）をもつ高学年のＩ君を受けもった。特別支援学級で学習したり、通常学級で学習したりと、教科によって学習する場は異なっていた。

心配だったのは、学級での居場所づくりだった。特定の教科だけ教室にいるので、友達と交流する機会が少ないのである。しかも、Ｉ君は友人関係を築くのが苦手だと、自分で思っていた。

昨年度までの様子を聞くと、Ｉ君は、おとなしい子で、じっと授業を聞いてはいるのだが、理解ができていないということであった。みんなの影に隠れて、そっと様子を見ているような子だった。

学級には、Ｉ君と話す子は少なかった。子ども達は、Ｉ君とどうやって付き合っていけば良いのか、困惑している様子だった。私は、毎日I君と必ず話をするようにしていた。I君と会話しているときに、他の子も会話の輪に入れるようにしていた。

さて、I君によく話しかけている子の中に、B君がいた。B君は、I君と一緒に過ごし、楽しく遊ぶようになった。

ところが、困ったことが起きた。しばらくして、I君が特別支援学級の担任に訴えたのである。

「B君がぼくをいじめるのです」

この話をきいてショックを受けた。なんてことだと思った。「仲良く話していると思ったら、影でいじめていたのか?」私は、直ちにB君を呼んで話を聞いた。

しかし、B君は「いじめた覚えはない」と言う。B君に、寝掘り葉掘り聞いてみた。どうやら、I君が何かできなかったときに、「お前これぐらいがんばれよ!」などと言ったらしい。

私は悩んでしまった。B君は、I君を自分と対等だと思って接しているのだ。そこに差別はない。他の子は、I君とうまく付き合っている。I君ができないことは、自分がそっと手伝ってあげているし、I君がうまく言えなくて困っているときでも、気持ちを読みとってくれている。もちろん、こういう付き合い方ができるというのも、立派なことだろう。

しかし、このB君の接し方も、また、立派なものではないのか。対等に話し、対等に付き合っていく。これもまた、差別意識のない、まっとうな付き合い方ではないのか。

B君は、そんなに自信がある方ではない。「自分は勉強が苦手だ」と、自分で言うような子なのだ。対等の関係であるがゆえに、学級の他の子が言わないような、悪口のような言葉も出てしまうのだ。

B君には、要旨、次のように言った。

「I君ができないことがあっても、それを言わないでほしい。というのも、人には誰だって得意なこともあるし、苦手なこともあるからだ。だってそうだろ。B君だってさ、できないことを、言われたら嫌だろ。苦手なところを言うんじゃなくて、得意なところをほめる人になってほしい」

B君は頷きながら聞いていた。

I君は、B君を避けているようだった。いじめられたと思ったのだろう。仕方ないことだ。が、立派だったのは、B君だった。B君は、I君ができたことを、ほめるようになったのである。それが実に自然なほめ方なのだ。

例えば、体育でバレーボールをしていたときのことである。I君は運動に対して、極度に苦手意識をもっている。そのI君のもとにバレーボールが飛んできた。I君は、レシーブの練習だけは何度もやっていた。I君はとっさに、両手でボールをはじき返した。それが実にうまく味方にわたった。そのプレーを見ていたB君は、「ナイスプレイだ！　I！」と肩をポンとたたいたのである。

後から、「ああいう言葉かけはとってもいいね」と、B君に声をかけたのは言うまでもない。

こうして、I君はB君と再び仲良くなった。それも、前より一層仲良くなったのである。

友達との信頼関係が増したことで、I君には、教室での居場所ができたと思った。

あとは、I君が活躍できるような場を与えたいと考えた。いわば、「スポットライトが当たる瞬間」をつくろうと思ったわけである。

私は、I君の良さを探した。「I君が得意とするところ」を探した。

①　やり方の手順を示すと、その通りにできる。
②　コツコツと努力を続けることができる。
③　英語の授業で、単語を発音するのが好きである。

一学期の終わりには、水泳で五十メートルを泳ぎ切った。いつも初心者コースで練習していたⅠ君が、五十メートルを泳ぎ切ったのだ。水泳の最後の時間に行う泳力テストで、美しい泳ぎを披露したⅠ君に対し、学級の子ども達から歓声がわいた。

二学期には英語の研究で、外部から講師を招いて公開授業を行った。オールイングリッシュで進める授業の公開をしたのである。このとき、Ⅰ君は、実にはっきりした声で、大人顔負けの発音で発表した。私が出した英語のクイズにも答えた。挙手したⅠ君を指名すると、大勢の教師が見ている中で正解を英語で言うことができた。参観した教師が、思わず「すごいな」ともらすぐらい立派な発音だった。普段の授業でも、Ⅰ君が活躍するたびに、全体の前でほめた。

前向きな評価を続けていると、Ⅰ君も前向きになった。周りからの評価も変わってきた。

このように、得意なところを探し、得意なところが活かせる場を用意することを意識してきた。

つまり、「その子の良さは何で」、「どういう場で活かせそうか」を、一人ひとり考えるようにしたのである。Ⅰ君はその一つの例である。

2　一人ひとりのゴールを共有し、ゴールを達成できるよう導く

学級経営上、「子ども対応」でもう一つ意識していたのは、子ども一人ひとりのゴールを知り、そして、ゴールの達成に向けて指導や支援を行うことであった。

新卒時代、私の学級に不登校の子が数名いた。「不登校」と一口に言っても、その原因は、子どもによって違うし、子どもの背景によっても違う。不登校に対応するといっても、万人に共通する原則があるわけではない。教師としては、一人ひとりの子どもに、どう対応していくかを考えるだけである。「一人ひとりに対し、最適な対応をしていく」という原則しかない。

Aさんの不登校の原因は、「学校で意地悪される」ことだった。友達から、意地悪をされたり、悪口を言われたりするのが嫌で、学校に行きたくないと言う。

担任してすぐ、Aさんの思いや願いを確認した。Aさんは、友達と仲良く過ごしたいと訴えた。「普通に、仲良く過ごせるだけでいい」そう小さな声でつぶやいた。昨年度まで、「悪口を言われる」ことで悩んでいたという。

そこで、Aさんの一年後のゴールは、「友達と仲良く楽しく過ごすこと」とした。また、学習が遅れているので、「みんなと同じぐらい勉強ができるようになりたい」という思いや願いもあった。

その思いや願いを私と共有した。そして、Aさんと一緒に、「では、どうすればそのような状態になるのか」を考えていった。つまり、Aさんもゴールに向かって行動するし、私もそのゴールに向かって努力することになる。

私は、「人をいじめるような言動は許さない」と、学級全員に宣言した。Aさんの思いや願いを知ってから、差別やいじめにつながる言動には、特に注意を払うようになった。

体のことを馬鹿にしたり、できないことを笑ったりする言動は、小さな言動でも見逃さず指導した。前の年に学級崩壊が起きたこともあり、荒れた言動はあったが、人を馬鹿にする言動だけは絶対にだめだという雰囲気がつくられていった。

「先生は、いじめだけは絶対に許してくれない」やんちゃな子もそれだけはわかったようだった。しばらくして、Aさんは、「人に悪口を言われなくなった」と、笑顔で私に報告してくれた。「学校が楽しい」とも言うようになった。

一ヶ月ほどたったある日、社会科で行った町探検の後で、私に手紙をくれた。

「きょうは、いろんなところへいってたのしかった。いつもいえでいろんなことをしている。いつもあたまの中でかんがえていたことがいまできた!! それは、……それは、そとにでて、いろんなところへいってたんけんみたいなことをしたかったんだよ。いまそのゆめがかなって、よかったよ。」

聞けば、一人で家にいた頃、友達と一緒に探検みたいなことをしたいと願っていたそうだ。それが、ようやくかなったと、報告してくれたのである。

その年、Aさんは学校をほとんど休まずに来た。明るくて、頼もしい存在へと変貌していった。学習の遅れに対しては、本人の努力と、家庭の協力、そして私の重点的な指導によって、解決していった。もともと力のある子だったので、丁寧に教えると、学習の遅れを取り戻していった。

このように、子ども対応で重視していたのは、ゴールの共有と、子どものゴール達成のために、教師が何ができるのかを考えることだった。

4 学級マネジメントの力を磨く

1 ある不思議なこと

新卒のときから不思議に思うことがあった。

それは、教師によって学級経営の出来・不出来がバラバラなことである。

ある教師の下では、子どもは生き生きと活動し、いじめなどが起こらず、様々なイベントが行われている。子どもの学力も向上している。毎年、どの学級を受けもっても、良い雰囲気の学級集団を育てることができている。

だが、別の教師の下では、子どもの目つきが悪くなり、トラブルやいじめが次々と起きている。子どもの学力も低いままである。中には、時間が経つにつれ、学級が機能しない状態になり、緊急保護者会などが行われることもある。

どうしてこのような違いが生まれるのか、不思議に思っていた。

教師個人の能力に、大した違いはないと考えていた。また、人間的にもそんなに違いはないと思えた。付き合ってみて、教師に向いていないなどと思える人はほとんどいなかった。まして厳しい採用試験を突破してきた人達である。多くの教師は、人間的にも、能力的にも、すばらしい人が多かった。しかし、学級の子どもの事実は、明らかに違いが生じていた。毎年学級を荒れさせる人がいれば、どんな学級をもってもきちんと経営していける人がいた。

2 学級の状態の違い

学級の状態は大きく次の三つに分けることができた。

レベル1　学級が機能しない状態になる。集団が荒れる。
レベル2　学級は機能している。しかし、集団の質を高められず、子どもの資質・能力を伸ばしきれない。
レベル3　学級集団の質が高まり、子ども達は生き生きと、自分の目標に向かって努力を続けている。できない子が成長した事実が次々と生まれる。ダイナミックなイベントも行われる。

レベル1の「学級が機能しない状態」は、新卒教師によく見られる光景であった。

教育方法の習得が未熟で、典型的な失敗例を知らずにいると、多くの学級でレベル1の状態になっていた。それゆえ、新卒教師には補助教員がつくこともあった。教室に二、三人の教師が張りついて、授業が行われるのである。

さて、問題は、レベル2と3の違いがなぜ生じるのかという点である。もちろん、理由は様々に考えられる。子どもの実態がそもそも違うこともある。地域や保護者の実態が違うこともある。

しかし、毎年、すばらしい学級集団に育て、一人ひとりを伸ばしている教師がいるのも事実である。そういった教師は、荒れた学級を受けもっても、立て直すことができている。

やはり、教師の力量が大きく影響していると考えられる。

私は、「レベル2」と「レベル3」の違いが表れる原因の一つとして、「学級マネジメント」の知識・技能があると考えていた。

3 担任としての戦略が全てを決める

① 学級マネジメントとは

学級経営を進める上で、「マネジメント」の力が大切だと考えていた。

マネジメントとは、「経営」、「管理」を意味する言葉である。つまり、経営のための資源を、効率的に活用しながら、ゴールの達成を目指すことを意味する。

「マネジメント」のためには、「マネジメントサイクル」を適切に実行していく必要がある。

マネジメントサイクルとは、ゴール（目標）を設定し、手立てを考え、手立てを実行し、振り返りながら改善を続けていく、一連のプロセスを意味する。つまり、ゴール達成のための行動を評価し、改善するプロセスを行っていくのである。

具体的には次の通りである。

1．児童の実態をつかむ。
2．学級経営のゴールを設定する（学校の経営方針・保護者の要望・子どもの思いや願いも加味する）。
3．ゴールに到達するための手立てを決定し、実行に移す。
4．ゴール・手立てを評価・改善しながら、教育を継続する。

なお、このマネジメントサイクルの手順は、授業を良くしていく上でも、子ども一人ひとりに対応する上でも、同じである。

② ゴールの設定から始める

さて、まずは一年後のゴールを設定しなくてはならない。

そこで、一年後の子ども達、学級集団の成長を思い描くようにする。

先にも述べたように、学級集団が成長すると、「お互いがお互いを高め合う状態」になる。

しかし、一朝一夕には難しい。そこに至るまでの中間のゴールを設定する必要がある。

また、個々の成長のゴールも設定しなくてはならない。個々の子どもがどう成長したら良いのか、それを一人ひとり考えていくわけである。

また、学級経営の大きな柱として、「授業」がある。授業において、学力をどこまで高めるのかを考えなくてはならない。

このように、学級経営のゴールには様々な要素がある。

春休みの間に、実態調査をしながら、このような学級をつくりたいと、ゴールを思い描くようにする。この時点では、ゴールは、おぼろげとしたものでもかまわない。

そして、始業式の日に、子どもに出会う。子どもに出会ってから、四月の一ヶ月間で、より詳しく実態を把握することができる。実態を詳細につかんだ上で、最終的に目指すべき「理想の学級集団の姿」を設定する。これがゴールとなる。

③ ゴールの設定で気を付けていること

「理想の学級集団の姿」を目指す上で、気を付けていたことがあった。

それは、次の条件を満たすようにすることである。

> 自分が子どもとして、この学級に所属したいと思える環境を創ること。

例えば私は、ルールでがんじがらめの窮屈な学級にはいたくない。教師が大声を張って注意したり、怒鳴っていたりする学級にはいたくない。自由の雰囲気のない学級にはいたくない。少々はみだす子がいても、楽しい学級にいたいと思う。

このように、自分がこの学級に所属したいと思える環境になっているか、振り返るようにしていた。

④ 初めにゴールありきの理由

さて、なぜ四月最初に、一年後のゴールを思い描く必要があるのだろうか。

その理由は次の通りである。

> 「理想の学級集団の姿」という一年後のゴールが決まるからこそ、手立てが浮かんでくる。

まず必要なのは、「ゴール」である。「ゴール」が決まらないと、「手立て」も決まらない。

つまり、ゴールがないと教育活動は出発できないのである。

ゴールを決めるため、子どもの実態を知り、その上で教師が、最終的な理想像をイメージする。

「理想の学級集団の姿」というゴールがイメージできるからこそ、これからどのような指導が必要なのかがはっきりする。

生活場面で、ゴールにそぐわない行動を見たときには、すぐに指導することができる。

また、ゴールに合致した行動を発見すると、それをほめたり、認めたりすることができる。

このことは授業の場面でも同じである。

「授業でこのような資質・能力を育てたい」とゴールを想定するから、様々な授業の手立てが頭に浮かびあがってくる。

このように、理想とするゴールがあるからこそ、手立ての発想が可能になるのである。

そして、手立てが思いついたら、手立てを実行していけば良いのである。

特に、一日の大半は授業の時間である。授業で、子どもの資質・能力を育てることが大切になる。また、集団として協働できるようにするのも、自立を促すのも、授業において育成できる面が大きい。

⑤ 中間のゴールを設定する

一年後の最終ゴールとは別に、途中経過のゴールも考える。

ある年受けもった高学年で、次のゴールを考えたことがある。授業場面のゴールを紹介する。

一学期のゴール「実物に触れる機会を多くし、理科好きの子を増やす（八十パーセントの子が理科を好きと答えるようにする）」
二学期のゴール「子どもだけで討論できる」「問題を自分で設定して、チームで解決できる」
三学期のゴール「一人ひとりが、自分で問題を設定し、自由に探究していく学習ができる」

このように、徐々にゴールの難易度が高まっていくようにする。理科が苦手・嫌いという子が多かったこともあり、一学期は、「理科好きの子どもを増やす」という低いゴール設定から始まっている。

⑥ ゴールが決まると手立ても決まる

ゴールが明確になると、手立てが頭に思い浮かんでくる。

「いずれ全員で討論できるよう、一学期のうちは、四人班での討論ができるようにする。そこで、四人班での発表の機会を多くする」といった具合である。
以下、同じく高学年を担当した年のゴールと手立てをセットで示す。

ゴール「水泳で、全員五十メートル以上泳げるようにする」
手立て「水泳能力の調査を行い、泳力によっていくつかのグループに分ける。運動能力が極度に低い子がいるため、無理させない指導法を考える。クロールではなく平泳ぎを中心とした指導にする」

この年は、作文の力もつけたいと考えていた。一度の作文で、原稿用紙に、クラス平均三十～五十枚ぐらいは書けるようにしたいと考えていた。具体的な手立ては、次のようなものだった。

1. 言葉を大切にする指導を行う(辞書で調べる作業の重視、文章の読み取りは言葉を根拠にする)。
2. 作文技術を教える(作文の書き方、レイアウトを教える)。
3. 日記指導(最低でも一日四百字以上の作文を継続していく)
4. 名文の視写と暗唱
5. 授業の中で、自分の考えを書く時間を保障する。
6. 調べたことや自分の考え、人の意見など、詳しく記録することを推奨する。
7. 意見が食い違ったら討論を行う。

8. 自分の考えを客観的に見直せる力をつけるよう、(1)自分の考え、(2)友達の考え、(3)友達の考えを聞いた上での自分の考え、(4)討論後の最終的な結論、の順に作文させる。
9. 自分で問題を設定し、追究していく学習を進める(問題をつくらせる。不思議に思ったことを箇条書きにさせ、追究させる。友達と協力しながら、辞書を引いたり、話し合ったりして、学習を進める機会をつくる)。

実際、このような手立てで、高学年なら一度の作文で原稿用紙三十~五十枚程度は書けるようになった。ゴールを達成したら、ひとまず手立ては良かったと考えられる。

⑦ 高いゴールを設定する理由

ゴールを設定する際、今の子どもの実力や、今の教師の実力よりも、高いゴールに設定した方が良い。なぜなら、今の教師の力量よりも高いゴールを設定すると、教師が成長するしかないからである。また、今の子どもの実力よりも高いゴールなら、子ども自身も、今より成長しないといけないからである。

なお、「高いゴール」の中には、「現状の延長線上にある理想状態のゴール」と、「新しいゴール」の二つがあることに注意したい。

原稿用紙で十枚程度しか書けない子ども達に、原稿用紙で三十枚程度は書かせるというゴールは、「現状の延長線上にある理想状態のゴール」と言える。

しかし、もっと別にゴールは設定できないだろうか、と「新しいゴール」を考えることもまた大切となる。

例えば、「様々な立場から考察する作文を書く」、「反対の立場から考察する作文を書く」といったゴールである。このゴールは、「作文を多く書かせるゴール」とは、カテゴリーの異なる「新しいゴール」になっている。なぜなら、クリティカルシンキングの力をつけるためのゴールだからである。つまり、現状の延長線上にあるゴールとは異なるものとなっている。

このように、「別の新しいゴールは設定できないだろうか？」と考えてみることも大切になる。なお、ゴールを新しく設定すると、これまでの教育の発想や、やり方を変えざるを得なくなる。

例えば、「様々な考え方を調べ、何を根拠としているのかを整理してまとめさせる」、「自分の考えとは反対の立場になり、根拠となる資料を集めさせる」といった学習を取り入れるなど、別の新しい手立てが思い浮かぶのである。新しいゴールの設定は、新しい教育が生まれるきっかけになる。そして、子ども達にとっては、新しい資質・能力が育つ機会になる。

⑧「手立ての実行」と「評価・改善」で気を付けること

さて、手立てを実行するときに、気を付けることは次の三つである。

1．一つの手立てに拘らず、様々な手立てを試す（多様性の原則）。
2．子どもの成長が見えなくても、粘り強く、様々な手立てを実行し続ける（連続性の原則）。

3．子どもが伸びなかった原因を教師の手立てに求め、手立ては常に改善していく（フィードバックの原則）。

手立てを実行したら、最後に、評価と改善を行う。「評価・改善」の手順は次の通りである。

まず、子どもの達成度を評価する。

例えば、漢字テスト平均九十点を目指していたのに、平均点が八十点だったとする。

ゴールが適切だとしたら、教師に原因がある。教師の手立てが悪い場合もあるし、手立てを実行する力量が不足している場合もある。

「書き順指導はできていたか」、「テスト後の直しはきちんとさせていたか」、「再テストをしていたか」、「反復練習の時間を確保していたか」、「丁寧さを求めていたか」、「学び方を教えていたか」など、自らの手立てを反省する。

そして、手立てを改善していく。また、教師の力量を高める努力をしていく。

ただし、ゴールの設定が間違っている場合もある。それは多くの場合、低すぎるゴールに設定してしまっていることだ。

漢字テスト平均九十点は、教え方を知れば誰でも実現できるゴールである。子どもの実態によっては、平均九十五点以上も普通に実現できる。もし、ゴールを子どもが達成しているなら、さらに高みを目指し、ゴールを上方修正すれば良い。

なお、学級の平均点だけでなく、個別の成長も見ていく必要がある。平均点が九十点を超えても、個々の子どもを見ると、進歩していないことも有り得るからである。

教師が想定していた結果が出ていたら、学級経営のゴールも手立ても正しかったと言える。

このように、評価から改善までできて、マネジメントサイクルは、完全なものとなる。

⑨ いくつかの補足

振り返りの際、子どもや保護者にアンケートをとり、結果を反省するのも効果がある。

学期末など、定期的にアンケートをとる。記名式もあれば、無記名のものもあえて用意していた。


「学習がよく理解できた教科に○をつけましょう」

「楽しかった教科に○をつけましょう」

「一生懸命やった教科に○をつけましょう」

「話し合いを進んで行いましたか」

「グループで協力して学ぶことができましたか」

「自分の学び方を工夫できましたか」

「自分で問題をつくって、解決しようとしましたか」


このアンケート自体が、教師がどういった学級経営を行っていきたいかを示していると言える。

しかもこのアンケートは、実は、教師への評価となっている。「どの教科をよく理解させることができたか」、「子どもに合わせた学びを実現できていたか」、「協働する雰囲気をつくれていたか」など、教師の学級経営の結果がそのまま反映されるからである。

生活面のアンケートも大切である。例えば、次のようなアンケートである。

「休み時間はどのように過ごしていましたか」
「仲の良い人を三人まで書きましょう」
「この学期に楽しかったことは何ですか」
「この学期で嫌なことはありましたか」
「いじめなど、困ったことで先生に相談したいことがあれば○をつけましょう」

休み時間に一人で過ごす子がいることがある。また、いじめで困っている子がいることもある。友達関係で悩んでいる子がいたら、即解決のための行動を開始する。

その他、学校生活全般を問うアンケートも、定期的に行いたい。

「先生の教え方はわかりやすいですか」「先生の授業は楽しいですか」
「学級は楽しいですか」「学校に行きたいと思いますか」

アンケートを集約しながら、考える。

「学級が楽しくないと答えた子はいたか。いたとすればなぜなのか」

「学校に行きたくないと答えた子はいたか。いたとすればなぜなのか」

アンケートは、保護者にも行われる。保護者の感想も、参考にできる。

学期の終わりには、子どもに作文を書かせる。「学期に頑張ったこと」でもいいし、「自分が成長したと思うところ」などのテーマでもいい。

アンケートや子どもの感想文を参考にして、学級経営の反省を行うのはなぜか。


自分の盲点に気付かされる。


盲点だけに、自分ではなかなか発見できない。しかし、アンケート結果や感想文から、思わぬ盲点に気付かされることがある。思わぬ子が、授業や友達関係で悩んでいることがある。また、子どもや保護者の言葉から、自分の指導のまずさが見つかることだってある。

このようなアンケート調査の結果も加味しながら、一年後、四月に設定した「理想の学級集団の姿」に近付けたかを評価していく。

5 その他の学級経営の工夫

ここまで紹介した以外にも、「学級のシステムづくり」、「学級イベント」、「学級の組織づくり」など、他にも学級経営には様々な内容がある。

その他の内容を、より高いレベルで行う上で、私が行っていたのは、全国様々な学級で取り組まれている実践を知ることであった。知るためには、調べなくてはならない。実際に同じ学校や地域の学級を見せてもらったり、全国様々な学級を見せてもらったりした。

例えば、子どもが自分達で良い学級を創っていく「自治的な活動」を取り入れている学級もあった。他にも、係活動やイベントを自由に子どもが創っていく、自由で楽しい雰囲気の学級もあった。

実践を知るため、古い実践の文献調査も行った。学級経営に関する実践や研究には数多く目を通した。できるだけ多様な実践、研究を調べるようにした。

様々な実践を知ることで、自分の学級経営の幅を広げることができた。また調べていると、「このような学級をつくりたい」とゴールのイメージに合致した手立てを発見できた。

こうして、自分が良いと思った学級経営の方法を学び、取り入れるようにしていた。

6

教師のリーダーシップを養うために

学級経営の具体的な方法だけ詳しくなっても、効果は薄いと考えていた。教師のリーダーシップをその場に応じて変化させることで、学級経営の方法がより効果を発揮する面があるからである。

リーダーシップには、様々な種類がある。先頭に立って子どもを引っ張っていくリーダーシップもあるし、子どもに任せるリーダーシップもある。

荒れた子ども達なら、まず規律を浸透させるために、積極的に導くリーダーシップが必要になる。

反対に、もし自分達で進んで行動できる子ども達なら、自立を促すために後ろから見守って任せるようなリーダーシップが望ましい場合もある。

一年目で荒れた学級を受けもったとき。

最初の式で騒がしかった子ども達に対し、私は、積極的に導くリーダーシップを発揮した。

「式典などの場で、誰かが前で話しているときには静かに聴くことが大切なこと」を語って聞かせ、次からは気を付けるよう指導したのである。

しかし、もし子どもの荒れが深刻ではなかったなら、次のようにも対応できた。

「今日の式典で、自分は何点ぐらいの態度だったか、採点してごらん」

こうして自分自身の行動を振り返らせるようにする。式典の態度はどのようなものが望ましかったのか、その態度ができていたのか、今後どうすれば良いのか、などを考えさせるのである。

これはどちらかと言えば、子どもに任せるリーダーシップである。

このように、子どもの実態やその場の状況によって、リーダーシップを使い分けるべきだと考えていた。そのため、様々なリーダーシップの形を知り、使い分けるよう意識的に努力していた。

Chapter 3

子ども対応力を養うための成功法則

1 子どもが見えるとはどういうことか

学級経営の中には、「子どもへの対応」も、もちろん含まれる。

先の章で、「学級経営上の子ども対応」に関して、力を入れて取り組んできた内容は述べた。

ここからは、「子ども一人ひとりへの対応力」を身に付けるため、新卒時代から何に力を入れて取り組んできたのかを紹介する。

1 わざと鉛筆を落とした子

ある教育書に、教室の様子が掲載されていた。

全国的に著名な教師の、授業の様子であった。

多くの子が、挙手して発表しようとしていた。写真でみる限り、教室の雰囲気は良さそうだった。

しかし、私は二つのことが気になって仕方がなかった。

一つは、ストーブが子どもに近すぎる点である。暑くなり過ぎて汗をかく子どもの姿が想像された。

もう一つは、机の横に大きな荷物がかけてあったことだ。どう考えても、子どもが前で発表するときに邪魔である。机の間の荷物にぶつかってしまう。

困っている子どもが見えていないのだろうかと、不思議に思った。

また、自前の教育研究会で、授業映像を検討していたときのことである。

メンバーの一人が相談をもちかけてきた。

「学級に発達障害（ＡＤＨＤ）の子がいて困っているんです。児童相談所や、管理職と相談したのですが、まったく解決できません。授業はほとんど受けていません。職員室で遊んでいます。どうしたらいいのでしょうか？」

その教師が研究授業をしたというので、授業分析をすることになった。映像には、国語科の授業の様子が映っていた。授業をしたメンバーは、映像を見る前、次のように語った。

「学級全員が入る遠目からの映像なので、ひょっとしたら、発達障害の子どもが見えにくいかもしれません」

しかし、映像開始一分後に、「この子だよね」と当ててみせた。他のメンバーはわからなかったという。目を丸くして驚いていた。

本当は、開始三十秒で気付いていた。確信するまでに一分の時間を要したのである。

なぜすぐにわかったのか。その子が、わざと鉛筆を落としたシーンが映ったからである。

相談をもちかけた教師は、鉛筆を落とした場面など、記憶にないと言っていた。今映像を改めて見てもわからないと言う。しかしよく見ると、わざと鉛筆を落としている姿がはっきりと映っている。

何度も見て、私が解説をしているうちに、やっとのことでその教師にも、鉛筆を落とした場面を見取ることができたのである。

鉛筆を落としたことにも、授業中は気付かなかった。ましてや、わざと落としたなどとは、考えもしなかったということだ。

「どうして、わざと鉛筆を落としたことがわかったんですか？」目を見開いて、驚いていた。

2 「子どもを見る」とはどういうことか

ＡＤＨＤの子がわざと鉛筆を落としたのは、授業が退屈だったからである。形式的に授業が進んでいたから、その子は退屈を紛らわすために、鉛筆を落としたのである。

つまり、授業が少し停滞した瞬間をつかみとった上で、その子がわざと鉛筆を落としたシーンを目で拾うことができたのである。「今、授業が少し停滞したぞ。あっ、わざと鉛筆を落とした子がいる」といった思考をしたのである。

教師の話がほんの少し長くなっただけで、集中力がなくなる子がいる。

また、教師の話や指示が長くなることで、複数の情報処理が必要になり、混乱をしてしまう子もいる。

退屈に感じると、動き回ることで気分を発散させようとする子もいる。

このような発達障害の特性を知っていたからこそ、子どもの様子を見取ることができたのである。

つまり、子どもが見えるかは、教師が、専門的な知識を学んでいるかによって左右される。

例えば、次のような子が教室にいる。どの学級でも見られる光景である。

多くの情報が出てきたとき、情報を隠して読み取ろうとしている子

多くの計算問題が出てきたときなど、上手に情報を隠している。自分が今解いている計算問題だけに、集中できるようにしているのである。

この「ソッと情報を隠す」という行為を、教師は見えているだろうか。

そもそも、なぜ情報を隠しているのだろうか。これはワーキングメモリーの問題を意味している。

ワーキングメモリーとは、作業や動作に必要な情報を、一時的に記憶・処理する能力のことである。

私達は、何らかの情報を得た際、数秒から数十秒の間、短期記憶として、情報を頭に思い浮かべたまま保持している。その短期記憶を用いて、次の作業や動作に移っている。この脳の機能を意味する言葉である。

子どもの中には、ワーキングメモリーの低い子もいる。つまり、多くの情報処理がしにくい子が一定数いるわけである。例えば、「教科書を開いて、○ページの○の問題を解きなさい」と指示すると、複数の指示になってしまう。だからできない子が出てきてしまう。

このように、情報が多いと混乱する子は、自分で情報を制限しているのである。

「ソッと情報を隠す」という行為は、ワーキングメモリーという概念を、教師が知っていないと見えてこない。もし見えたとしても、その行為に意味があるものとは思えない。「重要な行為」だとは

思えないのである。だから、目に映ったとしても素通りしてしまう。
このように、私達は、自分が知っている物事しか見えていない。
そしてまた、自分が重要だと思っている物事しか見えていないのである。

3 教室にいる様々な子の様子が見えているか

他にも、次のような子が学級にいないだろうか。

- ・教師の指示通りにできない子がいる（二つ以上の指示内容を含んでいると、できない）。
- ・教師の指示が短くても、聞き取れない子がいる（耳からの情報が入りにくい子がいる。聴覚優位、視覚優位の子がいる）。
- ・まわりがザワザワしていると、集中できない子がいる。
- ・定期的にボーっとしてしまう子がいる（ファンタジーへの没入現象）。
- ・椅子をガタガタ揺らしたり、椅子の上で体育座りしたりする子がいる。
- ・細かな物を使う作業で、頻繁に物を落としてしまう。

これらの行動にも全て意味があり、原因がある。意味や原因を知っていないと、見えてこない。

子どもを「見る」とは、単に「視界に子どもを入れる」ことだけを意味しない。子どもの「状態をとらえる」ことも意味する。子どもの状態をとらえるには、とらえることができる何らかの「ものさし（専門的な知識）」をもっていなければならない。

子どもが視界に入っているだけで、何が何だかわからないということが、新卒時代は多々あるはずである。

ちょうど、初心者が車の部品を買いに、大型店に入ったときに似ている。車の部品が多数並んでいるのを見ている状態である。部品に詳しくなければ、視界に入っていても、何が何だかわからないはずである。見えているが、見えていない状態である。こういう状態を「見れどもわからず」という。

だから、教室の子どもは見えていても、見えていないということが起きる。視界には入っていても、子どもの実態をとらえられていないのである。

子どもの実態が把握できないと、個別に最適な指導をすることが困難になる。効果的な指導のためには、子どもの実態を把握することが、前提条件となるからである。

4 まずは子どもを見ることから指導は始まる

「子どもを見る」ことを、もう少し詳しく考えていく。

初級は、「ただ、見る」ということである。とりあえず、視線を、子どもの方へもっていくのである。これなら、「すぐできる」と思えるかもしれない。

しかし、視線を子どもに向けるだけでも案外難しい。例えば、授業中の教師の視線はどうだろうか。

下を向いて話をしている教師。黒板やスクリーンを見て発問する教師。指導書を見ながら、授業を進める教師。皆、子どもを見ていない。

第一段階として、学級の全員に視線を送ることができるよう、意識的な努力をすべきだ。「視線を全員に向ける」と意識しないと、案外、これすら実現は難しい。

特に、授業に自信がなかったり、子どもの圧にたじろいだりしていては、教師の目線は無意識に下がってしまう。

5 子どもが見えるための条件

上級は、「子どもの実態をとらえる」ことである。今現在の子どもの事実をとらえるのである。

例えば、算数でいうと、計算のどのアルゴリズムでつまずいているのかを、瞬間的にとらえるのである。

水泳でいえば、手のかき、キック、フォームのどこが良くてどこが悪いのか、瞬時にとらえるのである。

子どもの実態をとらえるには、「専門的な知識」が必要になる。今挙げた例のように、教科内容の実態をとらえるなら、「教科内容に関する専門的な知識」を知っておかなくてはならない。

相撲の解説者が、わずか数秒の勝負の解説が詳しくできるのは、相撲に関して、専門的な知識が蓄積されているからである。

例えば平泳ぎなら、どういうつまずきがよく見られ、どういうフォームが正しいのかを知っておく必要があるということだ。

平泳ぎに関する知識があるからこそ、その専門的な知識を「ものさし」として、子どものフォームが正しいかを評価し、どこができていて、どこができていないかを見取ることができるのである。

算数も同じである。

例えば、算数で分度器の使い方を教えているとき、多くの場合、次のようなつまずきが見られる。

一つは、角度を計るときに、分度器の真ん中にある「点」に合わせていないつまずきである。

もう一つは、分度器の一番下に合わせてしまって、「ゼロ度」よりもさらに下から計ってしまうつまずきである。

多くの子がこういうつまずきをすると、あらかじめ教材研究でわかっていたなら、教師は子どもを見る「ものさし」を二つもったということになる。「ものさし」があるからこそ、子どもの学習を見たときに、子どもの実態を、その場ですぐに、見取ることができるのである。

6 子どもの実態をつかむための「ものさし」

ある年、小学校の国語の授業でのことである。

教科書の見開きページに、動物が、数多く掲載されていた。様々な姿、形になっている動物である。

そして、次のような活動を行うことになっていた。

「絵を見ながら、動物たちを、二つか三つのグループに分けなさい」

どういう理由でグループに分けたのかを、班で話し合う学習である。「話す・聞く」力を育てる単元であった。

このとき、ある子の行動が気になった。動物の三分の二を手で隠しているのである。

学級には三十人の子ども達がいる。さりげないその行為が、三十人の様々な動きの中から、目に飛び込んできた。なぜ、この子は、半分以上の動物を手で隠していたのだろうか。

手で情報を隠すという行為の意味は、何だろうか。

動物は、数多く掲載されている。しかも、服装や持ち物、姿、色などがそれぞれ違っている。

この子は、多すぎる情報を、手で隠すことによって減らしていたのである。

特別支援を要する子の中には、ワーキングメモリーの低い子がいる。

教師の指示内容が多いと、指示を聞き返したり、指示通りにできなかったりする。

指示が聞こえないのではなく、最初に何を言ったのかを記憶できないのである。

情報を手で隠すという行為は、特別支援教育に関する専門的な知識がないと、目でとらえることはできない。また、手で情報を隠すという行為に、意味があるとは思えない。

この場合、特別支援教育に関する知識が私の中にあったから、「手で隠す」という行為が目に飛び込んできたのである。そして、その子の行動の意味がわかり、その子の行動が理解できたのである。

教師の側に、子どもを見るための「ものさし」がなければ、教師の視力がどんなに良くても、子どもの行為は見えているようで見えないのである。

「ものさし」を増やす努力をすべきだ。「教育方法」、「特別支援教育」、「発達に関する知識」、「心理学に関する知識」、「教科内容に関する知識」など、教育に関する情報を数多く頭に入れている教師が、最も子どもが見える教師なのである。

7 指導の成否は子どもが見えるかに左右される

「その場で子どもの実態をとらえ、その場で指導に移る」これができると、効果的な指導となる。それができた場面を紹介する。

新学期になると、必ず前年度の実態調査を行うようにしていた。

算数で言えば、四則計算から、かけ算九九、筆算といった具合に、すでに学習した問題をまんべんなく出題し、どこでつまずいているかを調べるのである。

わり算の筆算なら、次のような間違いが見つかる。ある子は、商を立てる場所がわからない。ある子は、商の見当がついていない。またある子は、割られる数が三桁になると、あきらめてしまう。

このように、どこでつまずいているかは、子どもによって異なる。

実態調査を行い、分析を行っていると、間違いのパターンがわかってくるようになった。間違いのパターンがわかってくると、子どものつまずきが、その場ですぐに見えるようになってきた。

ある年受けもった五年生は、算数が苦手な子が多かった。四月に、筆算を解かせたところ、ある子は、二つの間違いをしていた。

一つは、商をたてる位置がわからないこと。

もう一つは、割る数を途中で変化させてしまうことである。

例えば、567を27で割る計算の場合。

その子は、最初に商をたてる場面では、割る数の27が、割られる数に何個入るかで計算していた。しかし、次の計算は、27の一の位である「7」が何個入るかで計算していたのである。つまり、わり算とは、567の中に、27が何個入るかを考える計算だとわかっていないのである。

多くの子がいて、様々な計算をしている中、その子の間違いが目に飛び込んできた。そこで間違いをしている子に、そっと助言ができた。すると、簡単にわり算の筆算ができるようになった。

「やったー！　筆算ができたぁ！」と言って飛び上がって喜んでいた。五年生の女の子である。よほど嬉しかったのだろう。

子どもの実態をとらえられるようになると、その場で子どもの実態に合わせた指導ができるようになっていく。

2 子どもを正確につかむための修業

1 一人ひとりの成長を記録する

新卒当時、一人ひとりを見る目は甘かった。

授業の中で、一人ひとりの考えや、学習状況、学習到達度などを、正確につかむことは難しかった。例えば、今日の社会科で誰が発表したのかを、学級通信に書こうとしたとき、数人しか名前が思い浮かばないこともあった。まして、発表内容の詳細を再現することは、難しかった。

発表した子は何人だったか。どんな考えや気付きが出てきたか。どんな疑問やわからないことが出ていたか。学習を理解していたと判断できる子は何人だったか。何人がわからない表情をしていたか。このような具体的な子どもの姿が、映像として頭に浮かばないのである。子どもの姿を再現するたびに、私がいかに子どもを見ていないかを痛感する毎日だった。

あるとき、先輩の教師からこんなことを言われた。

「先生のクラスでは、九九ができない子がいませんか。その子には九九表を持たせたらいいですよ。うちはそうしてます。よかったら九九表を印刷しますよ。何部、必要ですか」

私は答えることができなかった。

確かに、九九ができない子はいる。しかし、何人いるのかが、すぐに答えられなかったのである。九九が覚えられていない子は何人か。半分ぐらい言える子が何人か。時々間違う子が何人か。最初から順番に言わないとわからない子が何人か。子どもの実態はそれぞれだったからだ。

当然ながら、一人ひとりは成長の速度が違う。抱えている課題も違う。個性や興味・感心も違う。学習進度や学習到達度も違うし、望ましい学習のペースや学び方も異なる。

「抱えている課題」だけでも、様々なものがある。

例えば、ある子は、授業中、集中できにくい。ある子は、学校に来るのを嫌がる。そして、ある子は、忘れ物が多く片付けができない。

こうした一つ一つの課題をつかみ、そして指導していくのでなければ、効果的な指導にならない。一人ひとりにとって最適な教育環境がつくられるからこそ、学校の意味がある。十把一絡げに子どもを見ているのでは、効果的な教育はできない。

やがて私は、子どもの姿を記録に残すことが大切だと考えるようになった。例えば、水泳の進歩状況を記録していく。「今日は五メートル泳げた」、「次の日は、十メートルに伸びた」、という具合である。

学級三十人いるとして、その一人ひとりの進歩状況をつかむ努力をするようになった。また、その日の子どもの様子を思い出す作業を、日常化するようになった。

記録は、学級日誌や学級通信などで行った。記録してみると、どうしても思い出せない子どもや、状況がつかめない子がいて、申し訳ないと思うことしきりだった。

最初はつたなかった再現記録も、年数を経るごとに、だんだんと詳細なものになっていった。

2 個別の目標シート

二年目、三年目と、特別支援を要する子を複数担任することになった。

特別支援教育では、一人ひとりに対し、さらに細かな指導計画を立てなくてはならない。

一年間でどんな資質・能力を伸ばすのかを考え、一年後の成長をイメージする。

一年後の成長した姿が、すなわち指導のゴールとなる。そのゴールを目指し、一年間の指導計画を綿密に立てていくわけである。

ゴールの設定は、本人の思いや願いも反映する。家族の思いや願いも反映するし、医師の見立ても参考にする。ゴール設定一つとっても、かなり念入りに調査が必要である。時間がかかる。

ゴールが設定できたら、ゴール達成のための、十二ヶ月間の指導計画を立てる。この計画を立てる作業も、時間をかけて行う。

さらに、指導の結果を、詳細に記録しておくようにする。

このような指導計画や記録は、「個別の目標シート」と呼ばれるものである。

特別支援を要する子に対しては、特に念入りに状況を記録しておくようにした。

障害の特性はばらばらであるし、そもそも子どもの個性や成長の速度もばらばらだからである。詳細に子どもの状況を記録しないと、効果的な指導は難しい。

障害の特性で言えば、次のようなバラツキがあった。

例えば、「靴下を履きたくない」という場合。

「裸足の方が気持ちがいい。靴下の肌触りが嫌」という子もいれば、「靴下をなぜ履くのかわからない、納得できないことはしたくない」という子もいる。また「靴下の履き方がわからなくて、時間がかかるから嫌」、「靴下を履かないと、みんなが注目してくれて嬉しい」などといった理由もある。

各自、異なる理由で、いつも裸足で過ごしているのである。

靴下を履かせることだけでも、ある子には納得させ、ある子には他のことで注目するようにし、ある子には靴下の履き方のコツを教えるといった具合に、指導を変えていかなくてはならなかった。

さて、靴下だけなら指導は簡単だが、他にも課題を抱えている場合が多く見られた。

例えば、本人が苦手と感じていること（実際に苦手かどうかは関係なく）には、一切やろうとしない子がいた。

また、自分なりに納得できていないことには決して取り組まない子もいた。「リレーをやる意味を説明してください。そうでないと、やりません」といった具合である。

決まり切った手順でしか取り組もうとしない子もいた。いつもと同じやり方でないと、学習や係活動などに取り組もうとしないのである。

その子にとって最適な教育環境をつくるために、障害の特性、個性、成長の様子などに合わせた指導が必要であった。

さて、「個別の目標シート」には、その子の現状の分析も記載するようにしていた。

・何ができて、何が苦手なのか。
・本人は自分のことをどう思っているのか。

特に私が重視していたのが、その子の「自己評価」を高めることであった。本人が自分自身をどう評価しているのか、それをつかみ、自己評価を高めていきたいと願っていたのである。

ところが、多くの場合、配慮を必要とする子は、自分に自信がもてていなかった。

「自分はできないから、どうせやっても無駄だ」

「周りが自分を特別視しているから嫌だ」

「苦手なことには挑戦したくない。逃げ出したい」

このようなことを考えていた。だから、特別支援を必要とする子を担任したときは、まず、その子に、自信を取り戻させることから始めなくてはならなかった。

「できる、できないの差は大した差ではないこと」、「努力を継続すれば、できなかったことができるようになること」、このようなことを事実として示さなくてはならなかった。

そして、配慮を要する子が、どのように変化したのかを、「個別の目標シート」に記録していった。

変化といっても、進歩はそう簡単に訪れなかった。

現実は、一歩進んだかと思うと、次の日に二歩後退するという感じであった。しかし、一ヶ月経ち、二ヶ月経ち、子どもの記録を振り返ってみると、確実なる進歩を感じ取ることができた。一人の子に対して、記録をとり続けていると、小さな進歩まで見えるようになっていった。

3 少人数のクラスでの経験

二十代後半は、小規模校への勤務となった。小さな港町の小学校である。

クラスには十人程度の子どもがいた。少人数のクラスになり、より一層、細かな指導計画を立てるようになった。一人ひとりに対するゴールを設定し、一人ひとりに対して違った手立てを考えていくようになったのである。

つまり、特別支援教育で行った、「個別の目標シート」を、学級全員に対して行ってみたのである。そうすることで、一人ひとりにとって、最適な教育環境を用意することができると考えたからである。一人ひとりに合わせた指導計画を立て、子どもの成長を記録することで得られるものは大きかった。どういう成長を子どもはしていくのか、その成長度合いは、どういう指導からもたらされたのかということを、実感として考えることができたのである。そして今までよりも、子どもの姿が正確にとらえられるようになった。

そして、より強く意識するようになったのは、子ども一人ひとりへの、最適な教育環境が異なることだった。

例えば、学び方一つとっても、子どもによって最適な学習環境が異なるのである。

ある子は、教師に手本を見せてほしいと訴える。手本を見ることで理解が深まると言う。

別の子は、自分一人で思考したいと訴える。その方が理解が深まると言う。

さらに、別の子は、いろいろな考えを討論することで理解が深まると言う。

一人ひとりは、個性も、発達段階も異なる。しかも、知識・経験の量も、興味・関心も異なる。さらに、学習進度や学習到達度も、理解の仕方や理解のスピードも異なる。だからこそ、一人ひとりにとって最適な学習環境が異なってくる。

よって一人ひとりに合わせ、学習の「目標、内容、方法、ペース」を変えながら取り組める環境を工夫するようになった。時には、一人ひとりに、どういう学習方法が良いかを選択させることも行うようになった。

例えば、ある子は体育で、平泳ぎの二十五メートルを目指している。またある子は、バタ足で十五メートルを目指している。ある子は、け伸びができることを願っている。ある子は、五十メートルクロールで三十秒台を目指している。このような具合に、実態もゴールもバラバラなのである。その一人ひとりの願いに合わせた学習環境を用意しないといけないのだと強く意識するようになった。

4 一人ひとりに注目するようになって変わったこと

以前、同僚から次のように訪ねられたことがあった。

「あなたの学級では、何人の子の上靴が汚れていますか。それはいつからですか。その子は自分で洗っているのですか」

かつての私は即答できなかった。小規模校で子どもの成長を追い続けているうちに、上靴の汚れまで見えるようになっていった。上靴が汚れている子には、「最近いつ洗ったかな?」と、声かけするようになった。そして、時には一緒に洗って干すようにした。

一緒に洗うと、ものの五分で上靴は真っ白になった。子どもは、「こんなに綺麗になるなんて……」と驚いていた。「これからは自分で洗おうね」と付け加えた。

小規模校に勤め始めて数年たったある日、市内の研究授業に参加することになった。行った先は、児童数八百人の小学校であった。私は四年生の授業を参観した。

授業はスムーズに、たんたんと進んでいった。子ども達はどこかざわついていた。

ふと、あることが気になった。上靴が汚れた子が何人もいるのである。それもかなり汚れている。家庭の事情など、やむにやまれぬ事情があるのかなとも思った。数えてみると上靴が真っ黒に汚れていた子は、十五人もいた。三十五人中十五人である。これは明らかに多い。

汚れていた子のうち、半数以上が何年も洗っていないように見えた。私は、担任が指導できていないなと思った。

ひょっとすると、担任は、家庭に任せるところは、関知しない主義なのかもしれない。

または、上靴のことなど、学校教育ではどうでもいいと思っているのかもしれない。

たまたま、数日前に上靴がひどく汚れる出来事があったのかもしれない。

様々な事情があるにせよ、それでも担任として、子どもの上靴が真っ黒になっている状態をほうっておくのはどうかと思った。

おそらく、担任は、指導以前に、上靴が汚れている子に気付いていないのだろうと思った。

この日授業をしていた教師とは面識があり、幾度か話をしたことがあった。

話を聞いている分には、立派なことを言っていた。最近の文部科学省の答申を話題にしていたし、国際調査の結果にも詳しかった。だが、上靴の汚れを指導できてはいなかった。

上靴の汚れなど小さなことである。別に汚れていたっていいではないか、上靴が汚れていたって子どもは育つのだ、という意見もあろうと思う。

しかし、この小さなことから、教師の姿勢がわかる気がするのである。

たぶん、上靴が汚れていた十五人は、様々な理由があって上靴が汚れていたのだ。

ある子は、家に持って帰る習慣が身に付いていないのかもしれない。

ある子は、家に持って帰っても、洗い方を知らないのかもしれない。

あるいは、上靴のまま運動場に飛び出して平気なのかもしれない。

このように、一人ひとりに合わせた指導が必要になる。

だが、上靴の汚れも一つの指導の機会になるという意識や視点が、そもそもないのであれば、上靴の汚れすら見えないのだろうと思った。

そしてこのことは、大げさに言えば、一人ひとりに注目し、それぞれに最適な教育環境をつくる教師の姿勢が問われているように思えたのである。

3 発達障害をもつ子への対応

1 我流での対応は通用しない

個別対応の典型例として、発達障害をもつ子にどう対応していたかを紹介する。発達障害の中でも、特にADHDの子に対して、どう対応していたかを述べる。

発達障害をもつ子には、綿密な教育計画を立てる必要がある。何より、書籍や論文などで、発達障害の知識を学ばなくてはならない。専門的な知識がなければ、子どもの実態を把握できないからである。専門的な知識を学ぶため、発達障害を専門とする医師に対応を尋ねたり、医師と教員が共に学ぶ研修会に数多く参加したりした。

さて、専門的な知識を学ぶ理由は、もう一つある。それは、「対応方法」をも、学べるからである。例えば、ADHDの子が、友達と喧嘩になり、物を壊そうとしたり、周りの子に暴力をふるおうとしたりしているとする。そんなとき、どう対応したら良いのか。

答えは、「パニックのときは、落ち着くまで待つ」、である。

これが対応の基本方向となる。パニックのときに何を言っても、子どもは話を聞いてくれない。さらにパニックが悪化することすらある。だから、パニックのときは、まず落ち着かせることが必要になる。落ち着いた後で、話を聞いたり、助言したりすれば良いのだ。

「パニックのときは、落ち着くまで待つ」この対応方法だけでも知っておけば、多くのトラブルに対応することができる。つまり、特別支援を要する子を担任したら、次の二つの知識を知る必要がある。

① 障害の特性
② 具体的な対応方法

様々な対応方法に精通していないと、我流での対応は通用しないことが多い。

他にも例えば、「愛着障害」の場合で考えてみる。

「愛着障害」の対応の基本は、「愛情を満たす」こととなる。「愛情を満たす」という対応を意識することで、日常的な教師の対応が変化する。より子どもにとって望ましい対応になる。

このように、専門的な知識を学ぶとは、「発達障害の特性を知る」こと以外に、「発達障害の特性に合った対応方法を知る」という意味もあるのだ。

2 「子どもの事実」から対応方法を考える

対応方法を選択するにあたり、もう一つ意識的に行っていたことがある。

それは、「子どもの事実」から、望ましい対応方法を考えることである。

例えば授業では、「なぜ落ち着かないいか」よりも、「どんな場面では落ち着いていられるのか」を考えるようにしていた。落ち着いて学習できたり、授業に熱中したりした場面を記録していった。

授業でＡＤＨＤの子が学習できる状態になるには、いくつかの条件があった。

例えば次のような条件である。

① 情報を減らす	⑤ 見通しをもたせる
② 指導場面を限定する	⑥ 緊張感をもたせる
③ すぐ評価する	⑦ やる気を引き起こす
④ 思考場面で授業に巻き込む	

これらは、現場での子どもの事実も加味して築きあげていった条件である。幾人ものＡＤＨＤの子を担任する中で、共通する条件をまとめていったのである。

このように、目の前の子どもに合った「教育環境」をつくることを、意識してきた。

つまり医師や書籍、論文で学ぶだけでなく、目の前の「子どもの事実」から学び、適切な対応方法を選択していたのである。以下、それぞれの条件を解説していく。

① 情報を減らす

ＡＤＨＤなど特別支援を要する子は、「ワーキングメモリーが低い」という特性をもっていることがある。その場合、一度に多くの情報を処理できにくい。そこで情報を減らす必要が出てくる。

一言で「情報を減らす」といっても、奥の深いものである。

例えば、指示する内容を一つに限定する。これも、情報を減らすことになる。他にも、教師の説明の量を減らす。これも、情報を減らすことになる。

もっと言えば、説明をゼロにすることもできる。説明を省き、作業をさせながら、理解させていく方法に変えるのである。これらの行為も、情報を減らすことになる。

情報を減らす手立ては、他にもたくさんある。

教師の板書や提示も、情報を減らす工夫ができる。丁寧過ぎる板書を見ると、混乱する子もいる。印象的だったことがある。板書計画を立て、黒板いっぱいに文字を書き、カラフルに仕上げたときのことである。他の子は、黒板を参考にしながら、ノートに学習の記録を書くことができていた。

しかし、ＡＤＨＤの子にとっては、わかりにくい板書以外の何物でもなかった。その日はノートに板書を写すことが、できなかったのである。情報が多すぎると、対応できなくなるのである。

そして、そういう目で学級を眺めると、他にも詳しい板書だと混乱している子がいることに気付くことになった。それ以来、すっきりとしたわかりやすい板書を目指すようになった。

例えば、算数の最初の五分で、復習を行う。その場合、問題を五問ほど出すのだが、一問書いて答え合わせを済ませたら、問題文を消すようにすれば良いのだ。

黒板にたった一問だけ示されているから、ＡＤＨＤの子もパッと見て、解き始められるのである。

また、スモールステップにし過ぎると、混乱する子どももいる。

算数などで、ステップを細かく区切って、いちいち子どもとやり取りをしている場面を見ることがある。通常スモールステップにすれば、できない子でも、理解できるということはある。しかし、指導内容を細分化しすぎると、情報量が多くなるマイナス面が出てくる。

だからこそ、筆算の計算の仕方や、わり算の計算の仕方など、あまり細分化しすぎないよう、その子が混乱しないようにしなくてはならなかった。

ただし、言葉少なく言って聞かせても、わからない子もいた。そんなときには絵を描いてあげたり、動作で示したりすると、すぐに理解できることもあった。視覚的に一目でわかる工夫も必要であった。

このように、「情報を減らす」こと一つとっても、多くの対応方法が考えられた。

対応方法を、その子に合わせて考えることで、最適な教育環境をつくることができた。

② 指導場面を限定する

指導場面を限定するとは、一つ一つ、大切な学習内容に絞って教えることを意味する。

絵画の苦手だった子に、風景画で鳥の絵を描かせたことがあった。

風景画のため、山や湖、木などの自然も描く必要がある。しかし、背景の自然は後回しにし、まず鳥だけを描くよう伝えた。

しかも、鳥の「体」だけを描くよう、活動を限定した。体だけに注目させ、図鑑で調べるように伝えたのである。

「鳥の体だけなら描けるかも……」と子どもはつぶやいた。そして、図鑑で体だけに意識を集中させながら、調べ始めた。ゆっくりとだが、鳥の体だけを描くことができた。体を描くだけで、何度もやり直しをし、時間をかけて取り組んでいた。いつもとは集中力がまったく違っていた。図鑑を片手に、驚くほどの集中力で描いているのである。

次に、羽を描くよう促した。そして、首、顔……というように一つ一つ描くよう促した。一つの箇所に限定されるからこそ、図鑑などの資料を見ながら、集中して描くことができたのである。

絵が完成したとき、その子は、自分の絵を高くかかげ、まじまじと長い間眺めていた。

「鳥の絵をこんなに上手に描いたの初めてかも」と喜んでいた。

もし、「どこからでも自由に描きなさい」などと言ってしまうと、何から行えば良いのかわからず、混乱させてしまうだろう。範囲が広すぎると、自由のようにみえて、実は不自由になってしまう。

学習活動（教師から見れば指導場面）が一つに限定されているからこそ、その一つの学習活動に集中できるのである。教師からすれば、指導もしやすくなる。「羽はどんな模様をしているかな」、「クチバシはどんな形かな」などと声をかけやすくなるのだ。

しかも、学習活動が一つに限定されることは、情報を減らす工夫にもなっている。

③　すぐ評価する

授業で子どもを評価することがある。この評価を、その場で直ちに行いたい。時間が空くほど、どんな学習だったか、子どもが思い出せないからである。

しかも、前向きな評価を行いたい。良いところをほめる、頑張りを認める、成長したところに注目させるなどである。もし上手くいかないことがあっても、「次はできるよ」と励ますようにする。

例えば、何らかの発表をさせたとする。その発表に対し、前向きな評価の言葉を入れるのである。もちろん、十人が発表して、一人の発表が終わるたびに評価していると、時間が足りなくなる。そんな場合は、短い言葉かけでも良い。「深い考察ができていました」、「たくさんの資料から考えられていました」などと、一言声かけするのである。

特に頑張っていた子には、「〇〇さんの意見はなかなか思いつかない意見ですよ。なぜなら……」などと、詳しく言葉かけをする。

このように、すぐに、その場で評価されると、自分のどこが良かったのかが理解できる。また、「ほめる、認める、励ます」の前向きな評価によって、やる気を引き出すことができる。

ではもし、子どもの調子が悪く、学習に向かおうとせず、机に突っ伏してしまっていたら、どうしたら良いのか。ここでも、やはり前向きな評価を行うことが基本となる。ポイントは、前向きな評価ができる要素が見つかるまで、「待つ」ことである。

特にほめるのが困難だったのが、二次障害を引き起こしている子の場合であった。

つい次のような対応をとってしまいがちなのである。

1. 授業中、落書きをしているのを見て、「遊ぶのを止めなさい」などと注意する。
2. 注意されることで、精神的に不安定になり、ノートを破るなど、エスカレートした行動を始める。
3. 教師が注意する。

4．注意を繰り返され、精神的に不安定になり、学習どころではなくなる。時にはパニックになる。

このようなマイナスのサイクルができてしまうのだ。

そこで、例えば、次のように対応を変えることが必要だった。

1．落書きをしていたとしても、見守っておき、少し間をおく。

2．しばらくして、「○さんは、どんな考えをもったかな」と尋ねる。そして、「ここに自分の考えを書くといいよ」と助言する。

3．それでも書かないようなら、「○さんは、いろんなアイデアを考えられるようになっているから、きっと今回もできるよ」などと励ます。

4．しばらく見守っていると、少しだけ何かを書こうとする。

5．「何かを書こうとした」瞬間を見取り、しっかりとほめ、頑張りを認めていく。「自分の考えを毎回書いていると、成長できるよ。今日も頑張れそうだね」

6．学習への意欲が高まり、もう少し頑張ろうかなと思える。

このような対応だと、プラスのサイクルができる。プラスのサイクルができると、行動は前向きなものが増えていく。

ポイントは、「前向きな行動が増える関わり」を続けることだ。

つまり、落書きというマイナス面には、「お目こぼし」を行う。そっと見守っておく。そして、その子なりの頑張りに対して、「ほめる、認める、励ます」というプラスの言葉かけをするのである。

二次障害を引き起こしている子の場合は、それほど繊細な対応をしなくてはならなかった。

ただし、最初から個別に対応すると、モグラたたきの状態になってしまう。学級には、他にも様々な個別対応を必要とする子がいるからである。

そこで必ず、先に全体への指示を与え、その後で、個別に関わることが大切になる。全体に指示を与えた後に、短い時間で、繰り返し個別に関わるイメージである。

また、時には、見守りを続け、落書きなどの気分を発散する行動をとった後に、自分の意志で学習に戻れるかを、十分に「待つ」時間をとることも大切になる。自立を促すには、教師が関わり過ぎるのも良くないからである。

④　思考場面で授業に巻き込む

知的な発問のある授業には、意欲的に取り組めることが多かった。

知的な発問とは、子どもが思考状態になる発問である。気付けなかった内容に気付かせる発問や、わかったつもりだったことに気付かせる発問、子どもが考えたこともないような内容に気付かせる発問などがある。

もちろん、子どもから疑問や調べたいことが出されることもある。そして出された疑問や調べたいことが、価値のある学習内容ということもある。その場合は、用意した発問を使用しないこともある。ただし、学習者がいつも「価値ある疑問や調べたいこと」を出してくれるとは限らない。そこで、事前に発問を用意しておく必要がある。それも、できるだけ多様な発問を考えておくことが望ましい。

ここで大切なのは、授業に巻き込むという発想であった。

ＡＤＨＤの特性として、つい授業への集中が途切れてしまうことがある。何か面白いものを発見したり、隣の子が気になったり、外の様子が気になったりと、めまぐるしく、集中する対象が変化する。もしくは、学習以外のことに集中し過ぎて、学習に意識が向かないようなこともある。

しかし、知的な発問を行うことで、興味や関心を、発問の内容へ移すことができた。

発問の後、「自分の考えを書く」、「発表する」、「友達と話し合う」などの活動を促すと、再び学習に集中させられることが多かった。知的な発問は、思考する楽しみがある。だから、発問に関連する活動に意識が向かい、学習に集中できたのである。

発問を複数用意していたのは、どの発問に最も集中して取り組むのかが異なっていたからである。用意していた発問のうち、どれに対して熱中して考えたのかを、記録するようにしていた。

⑤　見通しをもたせる

何らかの作業をさせる際、最も抵抗を示した指示がある。

「自由に考え、自由にやりなさい」

この指示を与えることで、ＡＤＨＤの子は混乱することが多かった。何をして良いのかわからないと訴えるのである。無制限の自由を与えることは、ＡＤＨＤの子にとっては、大変不自由な状態であったらしい。そこで大切だったのが、「見通し」である。

例えば、やり方を例示する、完成形を示すなど、活動に対する見通しをもたせるのである。

図工なら、絵画の完成品を見せるのも一つの工夫である。また、実際に教師が、色を塗って見せたり、絵を描いて見せたりするのも、一つの工夫である。

特別支援教育では、「モデリング」が大切になる場面が多い。「モデリング」とは、行動の手本（モデル）を示し、子どもに真似させることで、望ましい行動を学習させる手法である。「モデリング」を行うのも、見通しをもたせる工夫の一つになる。実際にやってみせることで、やり方のイメージをもたせられるからである。

例えば音楽で、様々な楽器を使って、即興のリズム演奏をさせる学習がある。この場面なら、「例えばこのようにしましょうね」と、一つの楽器を使い、教師が演奏をやって見せたら良いのだ。

さらに、四人班の一つに、やってもらってもいい。一つの班を前に集め、一度簡単に演奏させてみる。Ａさんは、ボンゴをこのように叩きましょう。Ｂくんは、カバサをこのように演奏します。そして、シンバルは、ギロは……という具合にどのように演奏するかを例示し、演奏させてみる。

すると、学級全員が、「このようにやれば良いのか」と、一発でわかる。活動への見通しがあるから、ＡＤＨＤの子は活動に挑戦することができる。

⑥ 緊張感をもたせる

授業で、同じ課題を四人程度のチームで解決することがある。例えば社会科なら、「工場ごとに、環境に配慮するための取り組みを調べましょう」といった具合である。

このとき、簡単でも何らかの役割をもたせるようにする。「このペアは、インターネットで、環境に配慮する取り組みを調べる」、「このペアは、図書館で関係する書籍を集めて調べる」などである。

しかも、ペアの中でも、役割を決める。「情報をまとめてメモをとる人」、「後で班の人や、違う班の人に調べた内容を発表する人」といった具合である。

このように、一人ひとりに役割をもたせ、責任感を生じさせる。役割をもたせることで、緊張感が高まってくる。すると学習に対しての集中力が高まってくる。

緊張感がないと、ＡＤＨＤの子は集中力を保つことが難しかった。だから、ほんの少しでも、緊張感をもたせるような工夫を考えていた。授業で緊張感をもたせる工夫を取り入れることは、難しくない。例えば、「調べた内容を、後で先生がチェックしますよ」と言うだけでも、緊張感をもたせることができる。誤字脱字が多かったり、わかりにくい内容だったりすると、不合格もあり得る。あとからチェックされるとわかっているから、より質の高い調べ学習になる。

もちろん、評価も行うことがある。詳しく調査できていれば、良い評価になる。教師がきちんと評価していることが伝わるだけで、緊張感が生まれることになる。

私はよく授業で「ここからが大切だよ。ここは聞き漏らさないでね。後から考えを聞くよ」などと宣言してから、学習活動に移ることが多かった。このたった一言でも、そして教師の真剣な表情や目線からでも、緊張感をもたせることができる。

⑦ やる気を引き起こす

「やる気を引き起こす」方法は様々である。

例えば、「主体性を発揮させる」こともその一つである。

主体性を発揮させるために、例えば、解決する課題を、自分で選択させるようにする。学習者主体で、課題を選択したのだと思えると、やる気が起きてくる。学習への自律性をもたせるわけである。

また、難問に対し、チームで協働して解決するよう促すのも、一つの方法である。「教師も答えがわからない」と、あらかじめ宣言しておく。難問とわかっているから、協働する気持ちが高まってくる。協働して解決しているという思いを共有していると、「仲間と協力できて嬉しい」という気持ちが生まれてくる。これもやる気が起きるきっかけになる。

このように「やる気を引き起こす」方法は様々である。

また、憧れをもたせる方法も多用していた。

例えば、先輩の作品や、活動の様子などを見せる。音楽会や運動会で、表現を頑張っている様子を見せる。学習発表会での学習のまとめや、発表の様子を見せる。

すると、「こんなかっこいい先輩になりたい」と思えてくる。また、こんな姿を目指そうという、具体的なイメージをもたせることにもなる。その結果、子どものやる気が引き出されてくる。

「こんな美しい作品に仕上がりますよ」といって、卒業制作の作品を見せたときなど、熱中して、苦手な図工に取り組むことができた。

他にも、知的好奇心に訴えたり、達成感をもたせたりするのも、やる気を引き起こす工夫である。

なお、子どもによって、やる気が引き起こされるきっかけが違っていることがあった。そのため、子ども自身が「やりたい」、「目標に向かって行動したい」と思える工夫を、様々考える必要があった。

3 自分の授業を分析する

自分の授業を録画し、見返しての分析を、よく行っていた。

以下、どのような分析を行っていたのかを紹介する。特別支援教育に対応した授業になっているかを、自己分析したものである。なお、授業の内容は、小学校六年生の保健、「虫歯の予防」がテーマである。個別対応の部分を抜き出して紹介する。

① 授業の導入部分、虫歯が進行する様子の写真を提示

虫歯が徐々にひどくなる写真を提示した。その様子に、子ども達から驚きの声が上がっている。他の子が口々に感想を言いながら、スクリーンに注目している。面白そうなので、ＡＤＨＤの子もスクリーンを見ている。導入にインパクトのある写真を提示したことで興味をもたせることができた。

また、今日の授業テーマは、「虫歯」だと見通しをもたせたことにもなる。写真を示しただけで、ほとんど私は話していない。

② 今日の課題をノートに書かせる

本日の課題をノートに書かせた。書けた子には、「書けました」と言うよう促している。するとどうなるか。次々と、「書けました！」「書けました！」という声が教室に響く。まだ書けていない子は、少しだけ急いで作業を行おうとする。もちろん、ＡＤＨＤの子も、「ノートに書かないとダメだな」

と思う。だから、私語を止めて、ノートを書き始めることができた。しばらくして、「たぶん書けました！」と元気よく答えている。教室にはほんの少しの緊張感が漂ったのである。

③　最初の発問

「虫歯になるために、何が必要ですか。ノートに箇条書きしなさい」

学習課題は、「虫歯にならない生活習慣」である。だが、ここでは反対のことを尋ねている。子ども達は笑顔になり、進んでノートに書き始めた。ＡＤＨＤの子も喜んで、「よし！　書ける！」などと言って書き始めた。課題と反対の内容を尋ねる発問に、面白味を感じて、やる気が起きたのである。

④　ノートに書かれた考えの確認

「四つ書けた人から、前に持って来なさい」

ここで、どんな意見を書いているのかを確認するため、ノートを持って来させている。

なぜ、「四つ書けた人から」なのか。この指示は、列ができないよう時間差を生み出す指示だが、数が中途半端である。なぜ、四つなのか。

これは、ＡＤＨＤの子が四つ書いていたところを、私が見たからである。

「おっ俺、四つ書けている！　ラッキー」などと言いながら、一番に私のところへノートを持って来た。「すごい！　一番だ」と、ほめることができた。ほめるためにこういう意図的な対応をしたのだ。

⑤ 最初にノートを持って来た七人ほどに板書をさせる

ＡＤＨＤの子は、一番右端に自分の考えを板書した。なぜ、一番右端に板書したのか。一度考えていただきたい。一番右端にＡＤＨＤの子が板書したことには、意味がある。

その意味は、一番に発表できるからである。私は意図的に、一番右の板書から発表させるようにしている。毎回である。ＡＤＨＤの子は、順番を覚えにくい。三番とか、四番とかだと、いつ発表していいのかわからない。また、順番が来るまで集中して待っているのも大変である。しかし、一番だと簡単にわかる。私が、「板書をした人、発表しなさい」と言ったときに、即自分の番だからである。

⑥ 多動という障害の特性に配慮する

ＡＤＨＤの子は、板書をした後に、すぐに自分の席には戻らない。教室をぐるっとまわってから自分の席に戻った。この行動の意味は何か。

ＡＤＨＤの子は多動という障害の特性がある。動き回ることで、気分が落ち着くことがある。そのため、自分の席に戻る前に、友達のところへ寄り道をして気分を発散しているのである。しかし、うろうろ動き回っていても目立たない。なぜならノートを持って来るために、多くの子が歩き回っているからである。立ち歩く場面を意図的につくり、目立たないように気分を発散させているわけである。

⑦ ＡＤＨＤの子が書いた意見を基に学習を進める

「甘いものを食べるという意見が出ました。その通りです。同じようなことを書いた人？」

多くの子が手を挙げた。「甘いものを食べると虫歯になります。では、次の場合はどうでしょう？」そう言って、「砂糖だけを歯にまぶしておくと、虫歯になるか？」と問い、話し合いをさせている。砂糖が、直接に歯を虫歯にするわけではないことに気付かせる発問である。

自分の意見から授業が発展していったことで、引き続き授業に参加している。

この後、集中力が途切れそうになったときに、何度か授業中に指名している。

以上、授業の導入、十分ほどの様子である。

主な子ども対応の手立てだけを挙げた。しかし、細かい手立てを言えば、もっとある。

例えば、指示や発問をした後で、子どもの表情を確認している。わかっていなかったり聞いていなかったりといった表情だったら、三回ほど繰り返して発問・指示をしている。こういう手立てを、意図的に取り入れながら、授業を行うよう意識していた。そして授業の録画を分析しながら、「もっと別の手立てはなかったか」、「新しい手立ては開発できないか」などと反省していたのである。

発達障害の特性に合っていない手立てだと、ＡＤＨＤの子は学習に向かおうとしなかった。友達にちょっかいを出したり、読書をしたり、立ち歩いたり、ボーっとしていたりした。

反対に、その子の特性に合った手立てを取り入れたときは、授業に熱中し、別人のように活躍した。

だから、これらの手立てが初めからあったのではなく、ＡＤＨＤの子ども達が授業に熱中したときの記録から、徐々に確立されていったのである。

そして大切なのは、これらの手立てが、特別支援を必要としない子にも有効という事実であった。

Chapter 4

学校全体の教育を進めるための力を養う成功法則

1 学校全体の教育を進めるための力とは

1 学校全体の教育を進める力がなぜ必要か

学校経営とは、各学校が、地域や子どもの実態に応じ、独自に設定した学校教育目標の達成に向け、教育課程を編成し、人的・物的資源を活用しながら、最も有効な手段で学校運営を行うことである。

学校経営は、校長が先頭に立って行う。ただし、実務を実行するのは各教員である。また、具体的な教育目標を考える際にも、有効な手段を考える際にも、全員の会議で話し合って決めていく。

そのため、管理職だけでなく、実働を担う各教員もまた、学校経営の力を高める必要がある。

特に「教育課程の編成の力」や、ＰＤＣＡサイクルなどを実行していく「マネジメントの力」をつけることは必須となる。結局のところ、実務は、校務分掌の主任を中心に進めていくからである。

例えば体育主任なら、全学年の単元の配置や目標、内容、教育方法の手立てなどを考えていくわけである。そして、定期的に振り返りを行い、より良い教育が行われるよう改善していく必要がある。

学校経営の力とは、言い方をかえると、「学校全体の教育を進める力」である。各教員がそのような力をつけることで、目指すべき学校の具現化は図られる。

さて、私の世代は、教員採用試験の倍率が最も高い時代に採用された世代だった。

当時の試験は採用数が少なく、倍率は、十倍から二十倍が普通であり、地域や学校種によっては、三十倍から五十倍にもなっていた。長年この倍率が続いたこともあり、本来なら正規教員になれる人でも、何年も採用試験を突破できないのが普通だった。現場で働き、かつ、真剣に学び続ける人が、毎年採用試験を受け、狭き門への通過を争っていた。倍率以上に、厳しい試験であった。

そんなこともあり、私達の世代の教員は、数が少なかった。

数が少ないので、校務分掌の主任が、二十代で複数回ってくるのが当たり前だった。

このように、若いうちから学校全体の教育を進める立場に立つこともある。だからこそ、学校全体の教育を進める力を、若いうちから身に付ける必要がある。

2 学校全体の教育を進める力とは

主任となると、「カリキュラム・マネジメント」ができなくてはならない。

カリキュラム・マネジメントとは、教育課程の編成、手立て（教育方法）の実行、評価、改善を、戦略的に行っていくことを意味する。

「教育課程の編成」では、各学年の単元の内容を決め、順番を決め、そして目標や評価規準（基準）を決めていく。そして、より良い教育になるよう、手立てを考え、実行していく。

手立てを実行した後は、評価・改善を行い、さらにより良い教育を考えていく。

例えば、体育主任で考えてみる。まずは、昨年度までの子ども達の実態調査を行う。「水泳で二十五メートル泳げる子は何パーセントいるのか」「体育が好きな子は何パーセントいるのか」「運動の習慣がある子が何パーセントいるのか」

そういった実態をつかんでいく。実態をつかみながら、一年後のゴールを設定する。一年後に、何がどこまでできるようになっていれば良いのか、具体的な成長の姿をイメージし、文章化していく。ゴールを決めたら、「教育課程の編成」と、「手立て」の立案に移る。

例えば、水泳なら、「この学年でこのような内容の授業を行い、このような力をつける」ということを定めていく。また、「このような練習メニューで、各学年が系統的に指導ができるようにする」といった手立ても考えていく。

他にも、ラグビーやアメフト型のスポーツが足りないと感じたら、その運動の系統を組み、何学年かにわたって入れるといった工夫ができる。

また教育課程全体を見ていると、弱点も見えてくる。バスケットボール系の、ゴール型の運動が系統的でないと感じたときには、ポートボールなどの簡単な運動から、バスケットボールへと発展させるよう、教育課程を組んだことがある。

さらに、体育主任時代、教員用の水泳の指導マニュアルと、子ども達が見てもわかる練習メニューを、全学年に対して作成・配付したことがある。その結果、どの学年も、昨年度より泳力を伸ばすことができた。

手立てを打ったら、あとは評価と改善を行う。

このように、体育主任なら、小学校六学年の教育課程が充実するよう、「カリキュラム・マネジメント」を行っていくのである。

なお、このマネジメントの流れは、学級経営でも同じである。学級経営も、「ゴール→手立て→実行→評価・改善」の流れで行っていくからである。

結局のところ、各主任が主体となり、教育の充実を図ることが、「学校全体の教育を進める」ことになる。つまり、主任を担当すると、「学校全体の教育を進める力」も養われていくことになる。

私達の世代は、数が少ない分、主任は多く回ってきた。しかし、それは後から考えると、学校全体の教育を進める上では、幸運だったと言える。

3 若い頃はとにかく仕事を引き受ける

私達の世代は教員数が少なく、反対に五十代のベテランが団塊の世代で数が多いという、歪な構成になっていた。若い世代が少ないので、校務分掌の主任は数多く回ってきた。私は市内で最も若い生徒指導主事だった。他にも主任を四つも五つも受けもっていた。

職員会議の提案のほとんどが、私だったこともあった。他の教職員が、「若手に仕事が集中しているのではないか」と、声を挙げて訴えてくれるほどだった。

私以外の若手も似た状況だった。教員数が少ないので仕方ない。同世代の教師は、校務分掌の多さに疲弊している人が多かった。

同世代から仕事の大変さを聞く度に、思い出す光景があった。

真夏日の連続だった九月。運動会の練習風景である。

炎天下の中、朝礼台に立った私は、全校の子ども達と共に、運動会の練習をしていた。子ども達は、私の指示に合わせ、一生懸命演技を行っていた。気温は三十度を超えていた。運動場の体感温度は、さらに暑く感じた。汗いっぱいに、繰り返し演技を行う子ども達。汗が、次から次へと止めどなく噴き出してきた。

他の教員は、運動場には一人もいなかった。運動場にいたのは、私と、全校児童だけである。では、他の教員は何をしていたのか。他の教員は、全員テントに入り、椅子に座って休んでいたのである。「全員」が、涼しいテントで団扇を仰ぎながら、おしゃべりを楽しんでいたのである。

子ども達は、太陽が照りつける中、演技をしているにもかかわらず、である。

校長だけが、その実態を知らなかった。なぜなら、校長が来ると、他の教員はテントから出てくるからである。

まあ、若い頃は、こういう仕打ちだってある。「大変な仕事は、若い人に任せておきましょうね」ということらしい。全国どこでも、似たような話を聞く。

新卒早々の時期は、怠慢な仕事ぶりを見るたび、口論になっていた。が、採用から数年経つと、考え方が変化した。恩師から、「出来事を軽くとらえる」よう、助言を受けたからである。理不尽な出来事があっても、「いい修業になった」ぐらいに思っておけば良いと教えられた。そう聞いて、少し気が楽になった。

それに、若いうちに苦労を経験するのは、考えようによっては幸運なことだ。もうこの先、これより下はないからである。新しい学校に移ったとき、「仕事を手伝ってくれる人」が現れたりすると、心から嬉しく感じる。「下の状態」を経験しているから、これまで普通だと思っていたことにも感謝できるようになる。

4 仕事は一極集中する

若い頃、生徒指導主事・体育主任・児童会主任・学校行事担当・理科主任・情報主任などの仕事を、同時に任されていた。職員会議の起案のほとんどを私が行っていた時期もあった。

生徒指導主事は、学校全体の生徒指導を進めていく立場にある。

生徒指導主事として、学校全体の教育の推進に関われたのは幸いであった。「学校全体の教育」を意識しながら、日々の教育活動を行えるようになったからである。

例えば、生徒指導主事は、「学校全体の生徒指導の年間指導計画」を作成する。年間指導計画には、生徒指導における全体の目標や、今年重点的に取り組むべき目標などを記載する。

そして、計画に沿ってどのような手立てを実行するのかを、明記するのである。

例えば、「自立の力を育てる」、「確かな学力と、自分から学ぶ力を育てる」、「人と協働できる力を育てる」といった全体目標を立てる。

そして重点目標として、「いじめがなく、学校で安心して過ごせるようにする」、「心許せる仲間がいると感じられ、休み時間を楽しく過ごせるようにする」といった目標を定める。

一年間、その重点目標を中心に、生徒指導部会で、どのような手立てを打つかを考える。また、生徒指導の手立てが良かったかを評価するため、一年後にアンケート調査を行う。家庭や子ども一人ひとりに、「学校では楽しく過ごせましたか」、「いじめを見たり聞いたりしましたか」、「いじめは受けませんでしたか」などと尋ねるのである。

そして、教職員にもアンケートを行う。学校全体の生徒指導が上手くいったかを評価してもらい、成果や来年度に向けた改善点を考えてもらうのである。

私の場合、ざっと次のような文書をまとめていた。そして、次年度には、次の生徒指導主事に引き継ぐようにしていた。

① いじめ等、問題行動の件数と指導の結果
② 不登校の件数と指導の結果
③ 虐待など、家庭環境問題に関わるケースの状況と支援の結果
④ 特別支援教育など、個別対応を要するケースの状況と指導の結果
⑤ 生徒指導年間指導計画とその結果、来年度に向けた反省
⑥ 各種アンケート（学校への満足度など）の結果
⑦ 生徒指導に関する家庭への配布文書
⑧ 生徒指導部会の議事録
⑨ 保護者や地域、関係機関などとの協力会議の議事録

⑩ 学校のルールや指導方針の申し合わせのまとめ

学校全体の生徒指導を進める上で、保護者との連携は欠かせない。学校の生徒指導の方針を文書で各家庭に配付し、協力を要請していた。

また、地域や関係機関との連携も欠かせない。生徒指導主事になってからは、保護者や地域、関係機関との会議も頻繁に行うようになった。そして、様々な力を合わせて子どもを育てる意識を養うことができた。

若い頃から、学校の中心となる仕事を任されたのは、私にとって大変に幸運であった。それだけ、学校全体の教育の進め方を学べたからである。

他にも、頼まれた仕事はできるだけ引き受けるようにしていた。責任者になると、仕事を一手に引き受けることになる。例えば、何らかの行事や集会などの責任者になると、企画・運営まで全て行う必要が出てくる。

もちろん、他の人に仕事を割り振ることも大切である。若手が勘違いしやすいのは、仕事を全部自分でしなくてはいけないと思っていることだ。仕事を全て一人で行うと、無理が出てくる。単に仕事量で無理が出てくることもあるし、一人でやると、仕事の盲点に気付きにくいデメリットが出てくる。

そこで責任者になったら、仕事を「計画し」、仕事を「割り振る」ことも大切な役割になる。

なお、ちょうどいい仕事、自分に合った仕事というのは、なぜか、こないものだ。「荷が重い」と感じる仕事がくるのが普通である。

そのため、自分が苦手と感じる仕事でも、とにかく引き受けてやってみることにしていた。必要は発明の母である。自分が苦手だと思えば、得意にするための行動を開始せざるを得ない。悩んでいれば、アイデアが出てくるようになる。

常に挑戦する環境に身を置くことで、環境が自分を伸ばしてくれる。

仕事が、特定の誰かに一極集中するのは、本来は良くないことだ。管理職が、こういう仕事の不均等をなくさなければならないのだが、そうなっていない現状があった。

だが、若いうちはがむしゃらにどんな仕事にも取り組む方が、実は教師としての総合力を高める最短の道だと、実感として思う。その意味で、私は幸運であった。

5 抵抗は生じるもの

若い頃、運動会の全体練習の長さが気になっていた。

練習時期は九月である。九月とはいえ、真夏日が続く。運動場は、恐ろしく暑い。

炎天下の中、全校児童が集まっての全体練習が、毎日ある。それも一日に、長いときには、二時間ぶっ通しで行っているのである。そこからさらに学年別の練習に移ることになる。

つまり、一日で体育を、二時間も三時間もしているのだ。低学年は、五時間で帰る。九月中はまったく授業が進まないと、誰もが困っていた。

計画では、全体練習は一日一時間で終わりのはずである。しかし、毎回、長引くのである。チャイムが鳴っても、練習は続く。次の授業にどんどん影響していく。

私が体育主任になったとき、運動会の全体練習を短期間で行えるよう、内容を精選し、時数を減らすことにした。さらに、時間通りで終わるようにした。時間通り終わるために、マニュアルをつくった。教師の言葉をそのまま書いて入れておいた。

しかも、子どもが頑張っていたら、できるだけ早く終わらそうと考えた。

これらの取り組みは、低学年の担任を中心に好評であった。

だが、幾人かの教師からは不評だった。もっと練習をきちんとやりたい。そういう意見も出ていた。

だが、やってみると、今までと同じような質で運動会ができてしまったのである。

若い頃は、周りから何かと言われがちだ。何か新しいことを始めようとすると、それを止められる。止められないまでも、たしなめられる。授業のやり方が異なると言われ、年配教師の授業スタイルを押しつけられている若手教師がいるという。それも、全国で聞く話である。

子どもの前で新卒教師をだめ出しする、心ない年配教師も少なくない。

若い教師は、教育に対して先入観がない。学校には、おかしいと思える出来事がたくさんある。学校の常識は社会の非常識である。若い教師なら、そのおかしさに気付いてしまう。王様は裸だと言ってしまうのだ。変化についていけない年配教師は、自分の環境を変えられてしまうことを恐れる。だからこそ、若手の妨害をすることがある。

「抵抗は生じるもの」それぐらいに構えるようにしていた。そして、学校全体の教育をこれまでより良くする仕事は、多少の抵抗があっても進めるようにしていた。

2 研究の力をつける

1 研究の力をつける取り組み

教師は、研究の力をつけることも大切だと考えていた。「教育者としての力」だけでなく、「研究者としての力」も、必要になる場面があるからだ。授業反省一つとってみても、研究の力が必要になる。

それに、せっかく毎日、授業実践を行っているのに、次に活かさないのはもったいない。

さて、研究の力をつけるための取り組みは、様々考えられる。

例えば、学会や研究会など、何らかの場で、実践を発表するのも一つの取り組みである。

他にも、実践を記録にまとめ、分析してみることも一つの取り組みである。

研究の場がなければ、自分でつくってもいい。私の場合、自前の研究会を立ち上げ、テーマを決めて、授業の研究をしてきた。何より、学校でも研究はできる。自主的に研究授業を行えば、多くの教師から批評を受けることができる。

このように、研究の機会を、上手に活かすことが大切になる。

さて、教師にとって一番身近な研究の場は、自分が勤めている学校での研究である。学校の研究は、その年によって、テーマが異なる。自分がやりたい研究ではない分野が、選ばれる場合もある。もし、自分がやりたいと思う分野でなかったとしても、せっかくの研究の場である。一人で研究するより、集団で研究した方が、学びは広く、深くなる。校内の研究も大切にしたい。

そして自分がやりたい研究テーマがある場合は、自主的に行えば良い。新卒の頃は、どの教科も研究したかったので、様々な教科の研究授業を行った。放課後に反省会をしていたので、参観してくれた教師から批評を受けることができた。

新卒時代を過ぎてからは、その年に自分が研究したい教科を決め、自主的に研究を進めた。理科と国語というように、二つ以上の教科を、同時に研究することもあった。

2 研究依頼を断らない

研究依頼は、できるだけ断らずに受けてきた。文部科学省委託の研究や、教育委員会からの研究依頼を受けてきた。研究の期間は、一年間というものが多かった。

頼まれる研究分野の中には、自信のない教科もあった。しかし、依頼が来た以上、できるだけ受けるようにしてきた。様々な分野の研究を受けていると、学びの幅が広がるからである。それに、公開授業をすることは、自分を鍛えることにもつながる。学校の同僚からも、他校の教員からも、多くのアドバイスをもらうことができる。

教師経験を積んでからは、校内の若手教師から、授業参観を申し込まれるようになった。その日の朝に、突然、「授業を見せて」と頼まれることもあった。もちろん、快く受けるようにしていた。「二時間連続」など、若手教師が学級に長くいることもあった。

教育実習生が来ることもあった。いろいろな人に授業公開をしていると、私が思ってもいないような批評を受けることがあった。それが大きな学びになった。

3 他の学級でも授業を行う

学校内での研究に力を入れていると、他の学級との共同授業や、別の学級に入って飛び込みで授業をする機会が生じてくる。

例えば、体育の研究を進めている際には、他の学級を借り、私が考えたいくつかの指導案のうちの一つを実施したこともあった。様々な指導案を試し、どの教え方が良いのか、学級によって反応はどう違うのかを研究していたわけである。

もちろん、一つ一つ、最善と思える指導案で授業を行うようにしていた。

最善と思っていても、実際にやってみないと、効果はわからない。最善と思える指導案が複数できることもある。また、すでに行った授業の結果を分析していると、さらに良い指導案に改善されていくことも多い。よって、一つ一つ、指導案を変え、様々な学級で授業を行うのである。

他の学級での飛び込み授業は、研究になるだけでなく、授業力も高めてくれる。

普段教えていない子ども達が相手なので、臨機応変の対応力が必要になるからだ。子どもの反応が予想できない分、表情を読み取り、子どもの記述を確認しながら授業を進めていかなくてはならない。子どもの反応によっては、急遽、授業案を変えなくてはならないことも生じる。子どもの反応によって、授業を変えるという、対応の技術が鍛えられる。

4 学校を研究の場にするメリット

学校を研究の場にできると、いいことがある。それは、フットワーク軽く研究ができることだ。例えば、研究会の場合。授業にしても、反省にしても、会場を借り、お金を払いながら、限定された日時で行う必要がある。

しかし、自分の学校だと、会議や反省会をしようと思えば、すぐにその場で行うことができる。「学習活動はこれでいいか?」「発問はこれでいいか?」「授業の組み立てはどうか?」こうした検討が、職員室や教室を使って、簡単にできる。これは大きなメリットだ。

また、放課後に、後輩から授業相談を受けることもある。そんなときは、職員室の後ろで、すぐ相談に応じるようにしていた。

「日々の授業をどう進めたら良いのか」、「良い授業にするには、今の授業をどう改善したらいいのか」そんな相談に応じてきた。後輩は、教育活動の様々なことで悩んでいた。

相談のたび、どう説明したら上手く伝わるだろうか、と思案していた。しかも、若手教師からの相談は日常的にある。毎日、二〜四人程度の研究会を開いているようなものなのである。

初任者をはじめとして、二十代の若い教師が、あれこれと質問をしてくる。「日々の教育で困っていること。できないこと」などを相談してくる。

私は、せっかくの機会なので、「若い教師が困ること。できないこと」をリストにしてまとめておいた。「なぜ授業が上手くいかないのか?」、「なぜ学級経営が上手くいかないのか?」をまとめ、それに対する回答を自分で考えた。このことは、私の教育活動を振り返る上でも役立った。

さらに、若い教師の悩みは、実は「アイデアの宝庫」なのだった。うまくいっていない授業や学級経営には、必ず何らかの「教育方法のまずさ」がある。その「まずさ」が起きないようにするには、どうすればいいかを一緒に考えることで、良いアイデアが生まれることがあった。

5 研究結果をまとめることの大切さ

研究で大切なのは、実践を分析し、記録に残すことである。

せっかく記録に残すのだから、客観的に、誰もが納得するような考察をしたい。

時には、その記録を発表することも、大きな学びの機会になる。

良い実践だと思うなら、自分だけの考えにしてしまうのはもったいない。様々な人に見てもらい、批評を受けることで、改善点が見つかる。多くの意見をもらうほど、優れた実践になっていく。独りよがりの実践ではなくなってくる。

発表の場はどこだっていい。自前の研究会でも、参加させてもらっている研究会でも、学会でも、様々な場がある。私の場合、自前の研究会も含め、月に二〜三回、発表の場があった。

研究会では、他の教師もレポートを持ってくる。それが刺激になり、次もまたレポートを作成する気持ちになることができた。そうしてたまった原稿が、論文となり、書籍となっていった。

さて、教育研究を進める上でのポイントは、「新規性」である。これまでの実践や研究から問題点を探し、そして少しでも新しい内容や、工夫・改善できる点を考え、提案するのである。

そこで、実践の前には、「基礎研究」を行う必要がある。

例えば、「子ども一人ひとりが、自分で問題を設定し、自由に探究する学習をつくる。そして探究の力を養う」という授業実践を行いたいと考えたとする。

それならば、これまでどのような研究が行われてきたのかを、文献で調べなくてはならない。

そして、何がどこまで明らかになっており、何が課題で、今後どのような研究をしたら良いのかを明らかにするのである。

この基礎研究をしておくことで、新しい問題提起ができる。これまでの成果を踏まえつつも、問題点を明らかにし、その問題点を解決するような実践を行うのである。

このように、教育研究を進める上で、「新規性」があれば、より良い研究になる。

基礎研究を行い、新規性を取り入れ、「より良い教育方法」を考えついたとする。

実践を行う前は、「絶対にこの教育方法は効果を発揮するはずだ」と教師は思っている。

しかし、実践してみないと、本当に効果があるのかはわからない。

例えば、ある学級は、「新しい教育方法」で実践し、他の学級は、「これまで通りの教育方法」で実践したとする。

教師は、「新しい教育方法」の方が、「絶対に考えが深まるはずだ」などと考えているだろう。

そこで、子どもの考えを評定し、学級ごとに比較していく。

すると、「絶対に効果があるだろう」と思った教育方法が、実は、「学力上位」もしくは「学力中位」の子だけに効果を発揮し、「学力低位」の子には効果を発揮しないといったこともある。

むしろ、学力差が広がってしまい、学力低位の子には混乱を招いたのではないかと思えるようなときもある。そのようなときは、統計的に有意差は出ない。良い評定が多くても、悪い評定も多ければ、成績は平均化されてしまうからである。

このように、「絶対に良い実践だ」と思えていても、実践を分析してみないとわからないこともある。この場合は、学力低位の子には別の指導や支援が必要なことが明らかになったのである。

3 地域・社会との連携

若い頃は仕事が重なるものだ。例えば、土曜に陸上競技大会の引率があり、朝の五時に起きて参加する。記録会は昼の三時に終わり、三時半の新幹線で上京し、次の日の研究会と懇親会に参加する。その後、日曜の終電で帰宅するといった具合である。もちろん、月曜の朝から勤務である。

時に、休日であっても、地域の行事に出向するよう、管理職から依頼が入ることもある。ボランティアで参加してきてほしいと頼まれるのである。夏休みの科学実験教室を手伝ってほしいとか、地域のゴミ拾いに参加してほしい、地域のスポーツ大会に参加してきてほしい、などである。

ある年、「離島に、朝一番の船に乗って、海岸のゴミ拾いに参加してほしい」と、管理職から依頼された。「毎年、本校の教師が参加しているから」とか、「本校の教員が参加しないと管理職の面子が立たない」などと言われて、仕方なく早朝の船に乗りこんで参加したことがある。行ってみて驚いた。参加した教員は、「私一人」だったのである。これ以上の依頼は、今後二度とないと思えた。

さて、地域・社会との連携のため、休日に頼まれた仕事にも対応してきた。陸上競技大会などの学校外の行事や、地域の祭りなどの行事でも、学校全体の教育のためになると思って参加してきた。

ただし、マイナス面の方が大きいと感じる行事は、次の年から参加を断ってきた。

一度、こんなことがあった。ある行事にどうしても参加してほしいと再三言われたので、仕方なく、仕事のスケジュールを変更し、参加することにした。

何ヶ月も先まで仕事の予約で埋まっていたので、先約を断ることになった。

依頼されたのは、真夏のボランティアであった。地域のイベントの手伝いを一日中するのである。日が照りつける中、汗を吹きだしながら精一杯の手伝いをした。後日、全身が筋肉痛になって動けないほどだった。子ども達も頑張っていたが、私も頑張った。

ところが、地域の大人で、昼間から酒を飲んで参加している人がいた。一人や二人ではない。十人も二十人もいるのである。無論、酔っ払ってくだを巻いているのだから、ただ見ているだけ、そこにいるだけである。むしろ、頑張っている子どもに茶々を入れたり、おかしな行動をしてみたりと、教育への悪影響すら感じてしまった。

私も日中から酒を勧められたが、当然断った。参加したことに対しての御礼はなかった。

「ボランティアで参加している他の人も皆、忙しい中参加しているのだから、いちいち一人ずつ御礼など言わないのだろう」と思い、別段失礼とも思わなかった。ところが、私が手伝ったことに対して、クレームを言う人がいた。手伝いのパフォーマンスが悪いと言われたのである。

私はそのとき、「これは、参加者全員が不幸になってしまっている」と思った。子どもへの教育上の悪影響も見逃せなかった。次の年からは、丁重に参加を辞退させてもらった。できるだけ、どの人にとっても利益が生じるようにしていきたいと思っているのだが、難しい場合もあった。

Chapter 5

教師の姿勢を磨くための成功法則

1

一年目から守りたい教師の心得

1 百年前から教師の心得は現場にあった

教師の心得として、古いものでは、明治四十一年宮城県石巻尋常高等小学校の「當校教員注意要項」がある。これは、当時の錦織玄三郎校長が作成した、教師の心得である。

この心得が世に明らかになったのは、小堀恒男氏（元宮城県仙台市立東二番丁小学校長）による功績が大きい。今から、百年以上前の教師の心得であるが、現代にも通用するものである。

例えば、心得の一は「手ぶらで教へよ」となっている。教科書や教案を見ながら、授業するのはよくない。子どもに正対し、子どもの目を見ながら授業せよということである。

こんな基本さえ習得できず、現場に出てしまう教師は少なくない。地域の公開授業や、全国レベルの研究大会の授業でも、教案をチラチラ見ながら授業をしている人がいるぐらいである。

授業を子どもの立場になって参観していると、教師の目線がほんの少し下がるのが気になる。なぜなら、そこにわずかな空白の時間が生まれているからである。また、自分に向けて話しかけられている感じがしない。

目線は、授業を録画すると、できているか一目瞭然である。目線が落ちる回数が多いほど、子どもの集中力がなくなっていく様子が見て取れるはずである。

さて、「手ぶらで教へよ」という心得は、授業技術に関する「知識・技能」でもある。それも、基礎的な「知識・技能」である。知識として知るだけなら簡単である。しかし、知識を使いこなせる技能にまで高めるのは、少々時間がかかる。

さらに言えば、「手ぶらで教へよ」には、教師としての「生き方」も含まれていると考えられる。「子どもの実態をつかみ、臨機応変に対応しながら授業せよ」ということである。つまり、一人ひとりの子どもを大切にしていく思想をも含んでいると言える。

百年以上前から、教師の心得がまとめられ、周知されていたことに感慨を覚える。国から通達された心得ではない。現場の心得である。現場に即しているだけあって、実践的な心得となっている。時代の背景を色濃く感じる心得もあるが、今でも十分参考になる部分が多い。

全部で十七項目あるので、中心部分を引用する。

1 手ぶらで教へよ
2 対話（たいわ）的に教へよ
3 少しづつ教へよ
4 劣等生を愛せよ
5 教育のために勤めよ

2 一年目から意識してきた心得

6 先（まず）整頓して初めよ
7 躾方を先にせよ
8 言葉遣を丁寧にせよ
9 洒掃（掃除）應對（受け答え）を實地に教へよ
10 兒童と遊べ
11 全校に目を注げ
12 級風を作れ
13 自己の缺點（けってん）短所を知れ
14 品格を保て
15 舊習（きゅうしゅう）に泥むな（なずむな）
16 兒童にまけるな
17 事務は第二にせよ

※（ ）は著者が解説のために入れた。

【明治四十二年（一九〇九）宮城県石巻尋常高等小學校「當校教員注意要項」より。小堀恒男著（二〇〇〇）「教育の不易と流行　明治時代の石巻尋常高等小学校教員心得を読む」等に収録】

私も、新卒の頃から、心得としてきたことがある。尊敬する先輩教師達から学んだ姿勢を、心得としたのである。特に重要な三つに絞って紹介する。

①　相手意識をもって行動せよ
②　仕事は他の人より少しだけ多くこなせ
③　謙虚に学ぶ姿勢を忘れるな

これらの心得は、教師としての根っこの部分を鍛えるためのものである。ある先輩教師は、次の助言をくれた。「教師の力とは、人間の生き方も含めた、総合力である」

教育方法の習得はもちろん不可欠である。その上で、人間としての根っこの部分を鍛えることで、教師の力がより高まると考えたのである。

①　相手意識をもって行動せよ

最初の心得は、「相手意識をもって行動せよ」である。相手意識とは、相手の立場を理解しようとすることである。簡単な例で言うと、レストランなどでトイレを使ったとき、元通りに綺麗な状態にしておくことである。水をちらしたり、使ったトイレットペーパーをだらんとした状態のまま放って置いたりしないようにする。このような、細かな配慮を鍛えるのは、日常生活で十分にできる。相手の立場に立とうとすることが基本姿勢となる。

なぜ、相手意識が大切なのか。それは、相手意識の欠けた人が、教室の子どもの気持ちに寄り添うのは難しいと考えたからである。できない子の気持ち、困っている子の気持ちに寄り添うのは、相手意識が欠如していると困難である。だから、相手意識をまず鍛えようと思ったのである。

② 仕事は他の人より少しだけ多くこなせ

これには、二つの意味がある。一つは、自分の力量を磨くためである。

もう一つは、様々な仕事をして、同僚の役に立つためである。若いうちは、実は様々な人が助けてくれている。だからこそ、少しでも同僚の役に立ちたいと考えたのである。

同僚の手伝いを率先して行う。すると、職場の関係も良好になっていく。関係が良いものになるほど、教育活動の幅が広がり、ダイナミックな実践が行えるようになった。

例えば、学年全体で保護者も巻き込んでイベントを行ったり、新しい授業を提案して公開授業をしたりといったことが、行いやすくなったのである。

さて、学校全体のための様々な仕事を手伝っていると、学べることも結構ある。

例えば、「学校の二階と三階の窓を、消火栓とホースを使ってきれいにしてほしい」と頼まれたことがある。ホースを伸ばし、運動場から放水して、多くの窓に水をかけてまわった。使ったホースは、洗って干し、乾かしてから丁寧にたたんでしまっておいた。

この作業をすることで、いわば、消火訓練ができたことになった。赴任して一年目でも、学校のどこに消火栓があり、どれぐらいの長さまでホースが伸びるのか、水の量はどれぐらいか、水が出るまでに時間はどれぐらいかかるのかがわかった。

また別の年には、体育倉庫の片付けをお願いされた。倉庫を整頓していると、五十年も前の廃棄処分されたはずの器具が残っていたので驚いた。みんな、いつか誰かが捨ててくれると思っていたので、残されたままだったのである。

調べてみると、何十年も捨てていない物がたまりにたまっていたことがわかった。鉄アレイやトランポリンなど、様々なものを捨てた。夏季休業中の暑い日だった。軽トラの荷台一杯に荷物を積んだ。汗だくになりながら、歴代の怠慢ともいえる遺産を捨てたことがある。

③　謙虚に学ぶ姿勢を忘れるな

教師の成長に何が必要かと問われれば、何よりも、「謙虚な心」が必要だと答える。自分の未熟に気付き、自分の至らなさを知り、謙虚に相手に学ぶ姿勢をもつことが大切だと考えていた。

謙虚だから、どんなときでも、自分を高める意欲が生まれる。自分のやり方がベストであるとは考えない。自分のやり方以上の教育方法が存在するという態度で、学び続けることができる。

謙虚な人は、いろいろな人に教えを請うし、教える側も気持ちよく教えることができる。結果として、実力を伸ばしていくことができる。

自分の教育に対し、忌憚のない意見を言ってくれる人がいれば、大切にすべきである。

自分と異なる意見ほど、真剣に耳を傾けるべきだ。なぜなら、自分にとっての「盲点」に気付かせてくれるからである。

2 先人の実践を否定することも教育の進歩には必要である

1 先人から学ぶ際の態度

教育において、「他人の経験に学ぶ」ことが大切だと言ったのは、斎藤喜博である。

> 他人の経験を忠実に繰り返してみる。そしてそのなかにある考え方とか、原則的なものとか、方法や技術の必然性とかを身につけていくわけです。
> (斎藤喜博〔一九八四〕「教師の仕事と技術」、『第二期斎藤喜博全集第2巻』国土社、p.241)

「先人の教育実践を追試することの大切さ」を、説き始めたのが斎藤喜博であった。

ただし、斎藤喜博は、ただの「さるまね」では力がつかないことを、一九六九年の著書『私の授業観』(明治図書)で語っている。

> 他から学ぶということは、どこまでも自分があり自分の実践があってできることである。

（斎藤喜博〔一九七〇〕「私の授業観」、『斎藤喜博全集第9巻』国土社、p.272）

自分で実践を創る「気概」がある人こそ、他の実践からも学べると言っているのである。

先人の優れた実践を真似すると、一定の成果が出る。行き当たりばったりの授業よりも、子ども達は格段に熱中する。ところが、真似だけでは、うまくいかない部分が生じる。

例えば、「一部の子どもだけに通用しない」ことが起きる。先人の実践が通用しないときこそ、自分で新しい方法を試してみなくてはならない。時には、先行実践をも否定しなければならないことだってある。

2 修正の連続の上に科学の進歩は訪れる

大学院まで理科研究室に所属し、地球科学の研究を進めていた。

教育学部とはいえ、理科研究室は独特である。一言で言えば、研究集団なのだ。極めて専門的な研究を、バリバリやっているという感じなのである。

朝九時に実験室に入り、夜の二時まで研究をしているといった異常ぶりである。朝飯だけを自宅で済ませ、後は実験室や研究室にこもるのである。

もちろん、一人でこもっているのではない。学生と大学院生、若手研究者などを合わせると、二十人ほどが部屋に出入りしている。だから、いつでも研究成果の論議が可能であった。

特に、私の代はかなり研究熱心だった。私は地球科学の研究室長であり、大学院理科研究室の代表であった。もちろん、一番に来て、最後に帰るといった感じで研究を進めていた。地球科学の研究室に所属している全員が学会発表を行っていた。

夜になると、食事会となる。一週間連続で大学に泊まったこともあるほど、研究に没頭していた。朝が来るまで研究の議論を続けることもあった。

こんなに熱心な理科研究室だが、普通、学生なら、四年の間、教授の研究を手伝って終わりである。大学院に進学しての二年間を足しても、研究を深められないのが普通である。

熱心に研究に取り組んでいても、学生のほとんどは、やっとの思いで卒業論文・修士論文を書きあげ、やっとの思いで発表会を済ませ、といった感じで卒業していく。その率、九十パーセント以上。

卒業論文発表会と修士論文発表会で、とにかく発表できれば良いのだ。まあ、十人に一人、熱心な学生が、学会で発表させてもらう機会があるぐらいだ。

かなり真剣に研究を進め、かつ、その業績が優れていると認められるときに限り、学会誌に論文を書くことがある。極めて稀な例である。

何年かに一人は、こういった熱心に研究を進める学生が現れるという。だが、論文と言っても、その多くは教授が書いたもので、自分の名前は、最後の隅に小さく載るのが関の山である。

論文の主要著者（トップオーサー）として論文を書くなどということは、よっぽど業績が優れていないと不可能である。というより、前例がないと当時の教授が語っていた。

そういう状況で私はトップオーサーの論文を、二本書きあげた。秋田、徳島などで学会発表を行った。むろん、教育学部の研究室において、これ以上の業績は普通あり得なかった。

このとき、どうして私の研究が認められたのか。他の学生も熱心に研究に取り組んでいたのである。

私の研究は、恩師である教授の研究の不明点を解明することが目的であった。三十年も前に調査され、すでに研究論文として発表された地域の地質には、不明な点がいくつか残されていた。その不明点を解明しないと、全体的な地質のメカニズムがわからなかったのである。

平たく言えば、三十年前に解決できなかった謎を、私が解明することになったのだ。

私は、二年ほど研究して、あることに気付いた。簡単に言えば、恩師である教授の研究成果の中で、どうしても教授の理論を否定しなければならない点が出てきたのである。教授の間違いを、指摘する必要に迫られたのだ。

当時、恩師の教授は、県下どころか、全国で知らぬ者はないほどの有名人であった。鉱物学の権威であり、数多くの世界的な発見を行った人物で、教授の名前をとった鉱物があるぐらいだった。地球科学の学会でいえば、雲の上の人なのである。そんな雲の上の人の理論を、否定する必要に迫られたのだ。当時二十二歳の一学生が、四十年間研究を進めてきている研究者に対し、異議申し立てを行うのである。これは、大変に失礼なことに思えた。

思い悩んだ末、教授の理論と私の理論が違う旨を、相談してみた。そのとき、教授は何と言ったか。

「これは、すばらしい発見だよ。大前君。わからなかったことが、君の新しい発見によってわかったんだ。三十年前の謎が解明したのだよ」

私は怒られたり、反批判を受けたりすることを覚悟していた。だから、多くの説明資料を準備していた。どんな反論があっても、私の理論を説明できるようにしていたのである。

だが、さすがに何十年も研究を進めてきた教授である。私の話を聞くなり、これは新発見だということがわかったのである。

「研究の世界では、前の研究を乗り越えていくことも必要だ。そうやって、次々と研究成果が生まれることで科学は発展してきた。アインシュタインが、ニュートンの不備を指摘して、相対性理論を生み出したように。先人の研究を否定することは何も悪いことではない」

このように力強く私の研究成果を認めてくれた。このときである。私の心に、先行研究（実践）を否定しても良いのだという認識が生まれたのは。科学を進歩させるには、時に先行研究を否定しなければならないときがくる。そういうときに、躊躇しないことだ。

学問の場では、年齢や経験年数、職業や地域、地位など、肩書きはいっさい関係ない。全員が平等に意見を言える場だからこそ、先人の業績を乗り越えていく気概をもつことが大切なのである。

3 自分の実践を見直すことも必要だ

教育学の進歩にも、先人の実践や研究を見直す姿勢が大切になる。簡単に言えば、教師が「主体性」をもつということである。「より良い実践に修正・改善しよう」という姿勢が大切になるのである。

時には、「まったく新しい授業内容や教材を考えてみよう」、「授業方法を、これまでとはまったく違うものにしてみよう」といったように、「創造・開発」する姿勢も大切になる。

このように、自ら考える姿勢こそが大切なのである。

そして、先人の実践や研究を見直すのと同じぐらい大切なのは、自分の実践・研究をも見直す姿勢である。もし、間違った方法で教えていたのだとしたら、不幸なのは子どもである。

私の子ども時代に、こんな指導方針があった。「運動中は、できるだけ水分をとらせない方が良い」

今では、間違っていることがわかっている。方針は百八十度変わり、「運動中はできるだけ水分をとらせるように」となっている。では、なぜこの指導法の誤りに気付けなかったのか。

当時、子どもだった私は、「運動中、絶対に水分は必要である」と考えていた。

野球チームに所属していた私は、何度も監督に訴えた。「水分をとらせてください。水分をとった方が、動きが良くなります」、「水分をとっていないせいで、倒れそうな人がいます」

まだ厳しい時代だった。体罰もあったし、エラーをするとバットで叩かれていた時代だった。当然、私の提案は、即、却下された。何度訴えても、だめだった。

もし、指導者が、子どもの事実を見ていたら、水分をとらせていたはずである。なぜなら、私が子どもの頃にも、熱中症はあったからである。

「自分の指導が絶対に正しい」そのように思うのは不遜である。たとえそれが、全国的に行われている指導であっても、である。「自分の指導に自信がある」と思っていても、「子どもの事実」を基に、自分の指導を振り返ってほしいのである。

3 教育研究会を立ち上げる

1 自前の研究会を組織する

子どもがどの程度成長できるかは、教師の力量が大きく影響する。

例えば、作文指導で考える。原稿用紙十枚程度書かせる指導法を、教師が知っているとする。その教師の元では、子ども達は、平均で原稿用紙十枚程度の作文が書けるようになる。

しかし、教師の力量以上に、二十枚も、三十枚も書ける子は、ほとんど現れない。あくまで、教師の力量が、子どもの成長に反映するのである。

では、もし、一度の作文で、原稿用紙三十枚書かせる作文指導法を、教師が知っているとどうなるか。学級の子ども達の平均は、原稿用紙三十枚程度になる。小学校三年生でも、これぐらいは書けるようになる。

これは、「作文の上手な書き方」でも同じである。例えば、「描写」、「一文一義」、「接続詞」などの指導法を教師が知っているなら、子ども達は、意味明瞭で、読みやすい文章を書けるようになる。

このように、教師の力量によって、子どもの成長が左右されてしまうのである。

そのような現実を知ってから、教師の力量を上げる必要性を痛感するようになった。そして、自前の教育研究会を立ち上げることにした。教師三年目のことである。

一人でできることはたかが知れている。勉強熱心な人間が五人集まっただけで、実践と研究は、飛躍的に広く、深くなる。これは、大学院まで六年間、科学研究をする中で、学んだことである。

また、『生活する教室』（鈴木道太著、一九五一年、東洋書館）を読んで以来、北方性教育の広まりに感慨を覚えていたこともある。荒廃した農村、自由な教育への圧力。このような状況の中で、教師という仕事に、自分の人生をかけた生き方に感動したのである。

北方性教育を切り開いた、村山俊太郎、国分一太郎、鈴木道太もまた、教育研究会を組織し、志をともにする仲間と学び合っていた。北方性教育を進めるきっかけとなった立ち上げの会は、とある小さな喫茶店であったことが記されていた。この記述になんともいえない感動を覚えたものである。

小さな会、地方の片隅の喫茶店で、巨大な教育活動が提案され、組織されていったのかと思うと、自分もまた頑張らなくてはという気持ちになった。

そういう経緯があり、小さくても、学び合う環境をつくりたいと願っていた。同期の教師に声をかけ、二人から研究会は始まった。そのうちに、研究授業や研修で出会った人を誘い、五人になった。呼びかけ人の私が遠方に転勤となったので、参加する人がガラッと変わったこともあったが、月に一〜二回の研究会を行ってきた。

2 研究会の活動記

研究会では、次のような活動を主に行っていた。

1　テーマを決めての研究……あるテーマを決め、単独研究、または共同研究を行う。
2　授業開発……模擬授業・指導案検討・教材研究を行う。
3　その他……日々の実践記録や学校での研究記録を見せ合って検討する。自分や他者の教育論文の検討。開発した教材の検討。

共同研究は、「学芸会の演出」や、「情報教育における効果的な指導法」などのテーマで行っていた。実践記録の検討では、毎回、多くのレポートが提出された。私も、B４用紙三十枚の実践報告をしたことがあった。他の教師も、一度に五十枚の実践報告を持って来たことがあった。時間内に検討が終わらない場合は、二次会で検討していた。美味しい小料理屋で、教育の話を延々と続けるのである。

人の授業を見て、「代案を考える」作業も、大きな学びになった。自分だったら、どう発問するか、学習活動をどうするか、といったことを考え、その場で提案するのである。

「周りからの批評・批判を乗り越えてこそ、本物の実践が生まれる」そう心得ていた仲間だったので、授業やレポートの検討は、真剣に行われていた。

教育に対する考え方が違う教師が複数そろえば、いろいろな意見が出る。時に突拍子もない意見が出て、議論が盛り上がり、研究が深まることがある。一人の考えよりも、広く深い考え方が身に付く。時に、自らの盲点に気付かされることもあった。

研究会の申し合わせは次のようなものだった。

① 教育思想は自由。「良いものは良い」という姿勢。実践の評価は、子どもの事実を基に行う。
② できるだけ、厳しく検討し合う。
③ 毎回何かのレポートや資料を持って参加する。

後は特に何も決めなかった。会費もないし、規約も決めなかった。ただ、会場費だけは、その日に参加した人数で割って、出し合っていた。

年数が経ち、年齢層は、バラバラになった。二十代前半から四十代までの教師が一緒に勉強するようになった。子どもにとって、今よりも価値のある教師になるのだという思いは、皆一緒だった。

4 力のある教師の背中から学ぶ

1 尊敬できる教師との出会い

新卒の頃から、尊敬できる教師に、数多く出会えたのは幸運であった。

どの人も力のある教師だった。子どもや保護者、地域からの信頼も厚かった。

年配の教師もいれば、中堅教師もいた。また二、三歳年上の教師の中にも素晴らしい人達がいた。手本とすべき教師に、多く出会えたことは幸運だった。

ある年配教師は、私に、教育に対する姿勢を教えてくれた。中でも、「どんな子もやればできるんだよ」と、力強く話してくれたことが私の心に残った。私もまた同じ思いで教育にあたっていたからだった。子どもの可能性を強く信じている教師だった。勉強や運動が苦手な子には、特に優しかった。

力のある教師に共通していたのは、進んで学校全体のために動く姿勢だった。例えば、学年で使っている畑を、放課後にそれとなく見てまわり、草抜きをしたり、同僚に助言をしたりするのである。

ある教師が、「作業用の大きな机がほしいなあ」と言ったとき、「任せてください」と立ち上がり、ゴミとして捨てるはずだったボロボロの机を再利用して、新しく机を作ったこともあった。私も手伝ったが、のこぎりやかんなを使いながら、一時間以上に及ぶ作業を、平然とやってのけたのに驚いた。

他にも、放課後に学年の子どもの上靴を見て回り（百足以上ある）、「誰と誰の靴がそろっていないから、精神的に不安定なのかもしれない」と教えてくれることがあった。自分以外の学級の子どもの様子も、見て回っているのである。

朝早く教室に行き、子どもに挨拶して回り、顔色が良いか、元気があるか、などを確かめていた。そして、他の学級の気になる様子があったら、担任にソッと伝達しているのである。

2 力のある教師から学ぶ

いかなる分野でも、その分野に特有の「上達の筋道」がある。

仕事でもスポーツでも、武道でも、ピアノなどの習い事でも、上達の筋道がある。

上達の筋道に沿うには、優れた師に出会い、師から学ぶのが良い。

力のある先輩教師に学べば、自分が気付けなかった不備に気付くことができる。

私の場合、力のある教師が主催している様々な研究会の門をたたき、学ぶようにしてきた。

研究会では、授業やレポートに対して、様々な助言をしてくれた。教えは、一見とるに足らないような些細な作法から、授業の方法にいたるまで、実に多岐にわたっていた。

一度、ネクタイの締め方から始まる「教師の服装」に関して、教わったことがある。

スーツのポケットの中に、何かが入っていると、余計な音がしてしまう。スリッパで歩き回ると、パタパタと音がしてしまう。その音が子どもの集中力をそぐのだと教わった。特に、発達障害をもつ子は音に配慮すべきだと教えられた。

他にも、「立ち位置を考えず、前の方に座っている子どもの視界をさえぎっていないか」、「御礼のときに頭をきちんと下げているか」などの、細かな心遣いを教わることもあった。

こうした些細なことができないようであれば、授業の力も大して身に付かないし、教師としての人間性も高まらないということであった。

教育方法に関しても、多くのことを教わった。

ただし、一つのことを理解できるのに、かなりの時間を要した。

例えば「子どもの反応を見てから、授業を進めよ」という授業方法の場合。

子どもの理解度を考えず、先へ先へと授業を進める私に、指導をしてくれたわけである。教えてもらって、しばらくは「そうだな。気を付けよう」と思っているのに、すぐに忘れてしまっている。

実感として理解できるのは、自分の実践で痛い目にあったときであった。

大勢の前で模擬授業をしたときや、公開授業のときなど、子どもが「わからない」「できない」とつぶやいていれば、嫌でも自分の授業を振り返らざるを得ない。検討会で散々に叩かれながら、実感として「子どもの反応を見ながら授業を進めることが大切だ。時には、授業の展開も変更しなくてはならない」ことが理解できたのである。

こういった授業の方法を、一つ一つ理解していき、その一つ一つを記録していった。記録は必ず具体的場面を伴って書いていたので、後から読み直しても、よく思い出せたし、記憶にも残っていた。

こうして、授業の方法に関する記録が百を超えた頃、できない子ができるようになったという事実が、次々と生まれるようになった。

3 師に教えてもらう場をつくる

授業の方法が身に付いてくると、他の人の授業がよく見えるようになった。

授業方法が、私の中で視点となったからである。その視点で、他の人の授業を分析できるようになったのだった。

また、授業の方法は、新しく授業を創るときにも役立った。

さて、授業方法を身に付ける上で効果的だったのは、模擬授業であった。十分ほどの授業をつくり、誰かに見てもらうのである。

模擬授業をする場は、様々であった。学校の同僚と見せ合うこともあれば、自分の研究会、恩師の主催している研究会、母校の学生との勉強会などで行うこともあった。

模擬授業に対して意見をもらうと、自分が今まで気付けなかったことに気付くことができた。

特に、力のある教師の一言一言が、金言だった。何年かかっても気付かないような授業の方法に、たったの十分かそこらで、気付かせてくれるのである。

三年目の途中で模擬授業の回数は百回を超えた。百回を超えたとき、私もまた、人の授業をある程度まで批評できるようになっていた。

4 恩師の影響

恩師の影響を受けた私が、駆け出しの頃に書いた文章があるので紹介する。

教師という仕事は、人が人を教え育てるという、厳かなものである。たかだか、生まれて二十年ちょっとの教師が、教壇に立つのである。人様の大切な子どもを預かるのである。もとより、教育には限界がつきまとう。子ども一人を、たった一人を理解することでさえ、永遠に無理かもしれないのである。何時間も、何ヶ月も、時には、一年かかって子どもを教えても、伸ばすことができないかもしれないのである。

だからといって、「教師だって人間だ。限界がある」と開き直りたくはない。そんなことはわかった上で、それでもなお、子どもにとって価値ある教師になる歩みを続けていきたい。

教育とは、時に、「波打ち際で、砂上の城を築くような」時期もある。城を築いても築いても、波が城を打ち砕いていく。子どもを教えていて、それがまったく効果を及ぼさないように見えることだってある。いや、そんなことは教師なら誰だって経験している。教師にできる仕事には限界があると自覚しつつも、教師にしかできない仕事があると信じ、理想を追い続けたい。

たった一つでいい。明日から実行できる修業もある。自分を鍛え、子どもを伸ばすために、修業を自らに課そう。教師としての仕事の価値を高め、楽しみながら仕事をするためにも。

時に、子どもが「先生の授業分かりやすい」、「休み時間になってもまだ勉強したい」などと感想を言ってくれることがあった。そんなとき、若いうちに修業をしていて良かったと心から思えた。

保護者からも感謝の手紙をもらうことがあった。プールが大嫌いだった子が、小学校三年生で二十五メートルを泳ぐ姿を見て、涙を流して喜びの感想を述べられた保護者もいた。

子どもの成長のドラマが次々と生まれ、保護者に感謝されるのも一つの教師人生。

反対に、学級が荒れ、冷や冷やしながら教師生活を続けていくのも一つの教師人生である。

教室の事実は、教師の力量の反映である。優れた成果を残した先人は、誰しも若い頃に何らかの修業を課していた。すばらしい学級を生み出したいなら、若いうちにこそ、自らに修業を課し、実力をつけていくべきである。

【著者紹介】
大前　暁政（おおまえ　あきまさ）
京都文教大学こども教育学部こども教育学科　教授
岡山大学大学院教育学研究科（理科教育）修了後，公立小学校教諭を経て 2013年４月より京都文教大学に着任。教員養成課程において，教育方法や理科教育に関する教職科目を担当。「どの子も可能性をもっており，可能性を引き出し伸ばすことが教師の仕事」ととらえ，学校現場と連携し新しい教育を生み出す研究を進めている。文部科学省委託体力アッププロジェクト委員，教育委員会要請の理科教育課程編成委員などを歴任。理科の授業研究が認められ「ソニー子ども科学教育プログラム」や「日本初等理科教育研究会優秀論文賞」に入賞。研究分野は，教育方法，理科教育，学級経営，生徒指導，特別支援教育，科学教材，教授法開発，教師教育など多岐にわたる。
主な著書に『本当は大切だけど，誰も教えてくれない　授業力向上　42のこと』『まちがいだらけの学級経営　失敗を成長に導く40のアプローチ』『本当は大切だけど，誰も教えてくれない　授業デザイン　41のこと』『子どもを自立へ導く学級経営ピラミッド』（以上，明治図書），『心理的安全性と学級経営』『できる教師の「対応力」―逆算思考で子どもが変わる―』『教師1年目の学級経営』（以上，東洋館出版社），『なぜクラス中がどんどん理科を得意になるのか』（教育出版），『学級担任が進める通常学級の特別支援教育』（黎明書房），『実践アクティブ・ラーニングまるわかり講座』（小学館），『学級経営に活かす　教師のリーダーシップ入門』（金子書房）など多数。

成功法則シリーズ
「教師力を上げる」ための成功法則

2025年２月初版第１刷刊　©著　者　大　前　暁　政
発行者　藤　原　光　政
発行所　明治図書出版株式会社
http://www.meijitosho.co.jp
（企画）木村　悠（校正）染谷和佳古
〒114-0023　東京都北区滝野川7-46-1
振替00160-5-151318　電話03(5907)6703
ご注文窓口　電話03(5907)6668

＊検印省略　組版所　藤　原　印　刷　株　式　会　社

Printed in Japan　ISBN978-4-18-311924-7